新潮新書

髙木まどか
TAKAGI madoka

吉原遊廓

遊女と客の人間模様

1061

新潮社

吉原遊廓——遊女と客の人間模様●目次

序章　吉原の明と暗——天国でも地獄でもない「日常」を探して

「遊廓」と聞いて、読者の皆さんはどんなイメージを抱くでしょうか。

豪華な着物を身にまとい、煌《きら》びやかな簪《かんざし》をふんだんに髪に挿した美しい女性。その女性が、酒を酌《く》み交わしながら客の肩にもたれかかる。ドラマや映画で目にするそうした艶《なまめ》かしくも煌びやかな情景の舞台は、大抵、幕府公認の買売春地区である「遊廓」です。

遊廓というのは、どんなに美しく描かれようと、言ってしまえば買売春の場です。しかし、遊廓というものをよく知らないと、そうしたどこかで目にした華やかなシーンのみで語ってしまうことになりかねません。

遊廓の華やかさに目を奪われてきたのは、研究者も同じです。比較的近年に至るまで、遊廓は美しいばかりの場ではないことが前提とされながらも、そこが江戸時代における

「特異な社交場」であり、かつ「文化の発信地」であったことが主に注目され、なぜ遊廓がそのような場になったかを解き明かすことに多くの研究者が奔走してきました。

一方で、遊廓は売春に従事した女性が過酷な生活を強いられた、残酷な性売買の場であったとのイメージも根強いでしょう。親兄弟の借金のカタに売られ、寝る暇も食べる暇もなく客をとり、病気に罹《かか》ればあっという間にお払い箱。買売春自体への嫌悪もあり、遊廓という単語を聞くだけで眉をひそめるひともいます。

とりわけ近年においては、当時の遊女の実態に迫るすぐれた研究が次々と世にだされ、「文化の発信地」では済まされない、過酷な遊廓の実像が広く知られてきてもいます。かつて人気を博したテレビドラマ『JIN―仁―』では、華やかさと背中合わせの闇の部分が丁寧に描かれて視聴者を惹きつけました。いつ梅毒に罹ってもおかしくない遊女たちの残酷な日常。その恐ろしさをまざまざと感じ取った方も少なくはなかったでしょう。

まとめてみると、遊廓をめぐる一般的な印象は、おおむね「美しい」「華やか」か、もしくは「悲しい」「残酷」に二極化する傾向があるといえるでしょう。実際のところ、後世の私たちは、江戸時代の遊廓をどのように捉えればいいのでしょうか。めいめいが今もっているイメージをいったん頭から追い払い、改めて遊廓の実像を考えてみたい。それが、本書のテーマです。

遊廓は江戸時代においてでさえ、楽園を意味する「喜見城《きけんじょう》」と称されました。女性がほとんど人身売買のような形で売られ、過酷な生活を強いられていたにもかかわらずです。正直なところ、当時に生きていない私には、到底理解できない感覚です。

よく知らないままに憧れ、理想視したのであればまだわかりますが、遊女や店の実情を熟知していたであろうひとまで遊廓を称賛しているので、ますます不思議です。遊廓を称賛したひとびとは皆、遊女の悲惨さになにも感じない冷血漢だったのでしょうか？

はたして、遊廓における毎日はただただ残酷なばかりの地獄だったのか。そうではなかったからこそ、当時のひとびとは遊廓の存在を許容し得たのではないか——少なくとも、私はそんな風に考えています。

さて、初心《うぶ》な男性が遊び馴れた人よりもかえって遊女にもてたという、おかしみを演じる落語、「明烏《あけがらす》」をご存知でしょうか。そのあらすじは、次のとおりです。

日本橋田所町の日向屋の息子、時次郎。品行方正で堅物《かたぶつ》、色事などとは一切無縁。そのあまりの世間知らずさを、父の半兵衛は日頃から心配していました。

そこで、遊びをよく知る源兵衛と太助を頼み、

「観音様の裏の稲荷《いなり》にお籠り（泊まりがけでの祈願）に行こう」

と誘ってもらい、時次郎を二人について行かせます。

何も知らずについていった時次郎、連れて行かれた店に上がってようやくそこが吉原遊廓だと気がつき、慌てて「帰る」と騒ぎだします。源兵衛と太助はそんな時次郎に、

「大門《おおもん》を三人で通ったから、一人で帰るとあやしい奴だと縛られますよ」

なんて嘘をついておどかし、浦里《うらざと》という絶世の美女をあてがって、なんとか部屋へ放り込みました。

翌朝、源兵衛も太助も「相方の遊女に振られた」と嘆いていたところ、時次郎はいっこうに起きてきません。どうしたものかと部屋に行ってみると、時次郎は浦里と布団に「お籠り」の様子。二人が呆れて「先に帰ろう」と話していると、時次郎が、

「あなたがた、先へ帰れるものなら帰ってごらんなさい。大門で留められらあ」と。

噺《はなし》によって多少の違いはありますが、著名な廓《くるわ》噺の一つですから、落語好きな方でなくとも、一度は耳にしたことがあるかもしれません。

この噺の元となったという新内節《しんないぶし》「明烏夢泡雪《ゆめのあわゆき》」や人情本「明烏後正夢《のちのまさゆめ》」では、この時次郎と浦里は真剣に想い合い、さまざまな苦難を乗り越え、なんとか夫婦として結ばれる、という筋書きになっています。父が息子に望んだある種の「社会勉強」どころの話ではなくなってしまったという訳ですね。

世間知らずの息子を遊廓に行かせろという定型句は、江戸時代当時の史料を読んでいても、よく目にするものです。嘘か実《まこと》か、女性のことのみならず、世の中を知るには遊廓がちょうどよかったとか。時次郎の父・半兵衛も、まさか時次郎が遊女にもてるとは思わず、ちょっと女性や酒宴に馴れたらいいといった、軽い気持ちで息子を送り出したに違いありません。

遊廓に行くことで世間を知る。「明烏」と似たような話は、昭和が終わる頃まではしばしば聞かれたといいます。かつては買春＝「男が一度は通る道」だったというイメージは根強く、今も時代小説やドラマや映画作品などで、遊廓、特に吉原を目にする機会は少なくありません。

これまで私は日本近世史のなかでもとりわけ遊廓を研究し、それをまとめた『近世の遊廓と客　遊女評判記にみる作法と慣習』という書籍を二〇二〇年に上梓しました。タイトルのとおり、そこで私が注目したのは、遊女や遊廓そのものというよりは、お客です。身分・職業さまざまな客が遊廓においてどう迎えられたのか、あるいはあしらわれたのか。また客の扱い方に一定の「きまり」はあったのか。そうしたことを探りながら、遊廓＝楽園というイメージに疑問を投げかけました。

その過程では、とても興味をひかれるものの、研究という文脈でどう扱ったらいいかわからないような、遊廓の何気ない日常をめぐる記述も目にしてきました。

長い歴史を有し、数え切れないほど多くのひとが暮らした遊廓。沢山のひとが毎日を過ごしていたからこそ、そこには、映画のワンシーンになるような美しい光景ばかりでも、目を覆いたくなるような残酷な出来事ばかりでもない、いわば天国でも地獄でもない「日常」があったでしょう。それは程度の差こそあれ、いつの時代も人の世に共通しているはずです。

本書ではこうした展望のもと、遊廓の美しい側面・悲しい側面、そしてそのどちらでもない日常をあわせみて、遊廓の実像というものを浮き彫りにしていきたいと思います。それにあたっては、「遊女評判記」とよばれる当時の史料を主に扱い、かつての遊廓の姿を描き出すことにします。

遊女評判記とは、文字通り、遊女の「評判」をまとめた本です。「評判」は今でいう「レビュー」にあたります。遊女たちのレビューは遊女の宣伝であり、且つ遊廓を知りたい客のガイドとなりました。すなわち遊女評判記は、遊廓を知るためのガイドブックであり、吉原案内としてよく知られる「吉原細見《さいけん》」の前身といえるものです。

その詳しい定義は研究者によって異なりますが、狭義の遊女評判記は現在一〇〇種ほどその内容を知ることができます。各地の遊廓について書かれたもので、はじめは京都島原遊廓や大坂新町遊廓を対象として盛んに刊行されましたが、のちに江戸吉原を舞台とするものがほとんどを占めるようになりました。

現代では通販サイトやグルメサイトにおけるレビューが盛んですが、遊女評判記はその対象や媒体が異なるというだけで、その本質にほとんどかわりはありません。大きく異なるのは、遊女評判記を編むのは基本的には一人、ということです。現代のレビューの利点はさまざまなひとの意見をみられることにあるでしょうが、遊女評判記はその点、作者の主観に偏っているといえるでしょう。

そのために、「あの作者のレビューは間違っている」と作者同士が出版合戦を繰り広げることも多々あり、その結果「たくさんの客にインタビューした」「この遊女については○○さんに聞いた」「仲の良いグループで意見をだしあった」といったことを明言するタイプの遊女評判記も多く刊行されます。そして遊廓を訪れる客は、これを手にとり目当ての遊女のもとに足を運んだという訳です。つまり遊女評判記は、作者が好きにまとめた遊女のレビュー本であり、かつ遊廓のガイドブックでもあったのです。

とはいえ、遊女評判記には、ガイドブックやレビューというにはあまりに余計な情報も含まれています。たとえば、遊女や他の客に対する恨み言や、お説教。すでに遊廓を出た遊女の行方。さらには作者が遊女と遊んだ自慢話が長々と書かれている場合もあり、「このレビューは参考になりましたか?」と問われれば、文句なしに「いいえ」だろうというものも枚挙にいとまがありません。しかし、そうした余計に思える記述こそ、遊廓の日々を知るにあたってはかえがたい貴重なものです。遊女評判記という史料の、最大の魅力といえるでしょう。

本書では、この遊女評判記に注目し、とくに江戸初〜中期の江戸吉原遊廓について、そこに生きたひとびと、あるいはそこに足を運んだひとびとの姿を、じっくり紐解いていきたいと思います。

いうまでもなく、すでに失われた当時の日常を、いまに生きる私たちが本当の意味で理解することは不可能です。しかし、遊廓に入り浸り、遊女たちの日々に目を凝らし続けた作者らの残した文字を辿ることで、少しでもかつての息遣いが伝わればと思うのです。

第一章　吉原遊廓

幕府公認の買売春地区

遊廓はなぜ「遊廓」と呼ばれるのかをご存じでしょうか。それは、遊廓が堀や塀で周囲から区切られていたことに由来するといわれます。

吉原遊廓をぐるりと囲んでいたという「お歯黒溝《はぐろどぶ》」は有名ですから、ご存知の方も多いでしょう。当初は幅五間（約九メートル）もあったというこの溝があることに加え、出入り口は基本的に「大門《おおもん》」ひとつ。そうした構造であったが故に、公許の遊里は城郭（城の周囲に設けた囲い）にみたてられて「くるわ」（曲郭・曲輪）と呼ばれるようになり、ひいては「遊廓」「遊郭」とも称されるようになったといいます。こうした遊廓の構造はもともとは中国の遊里に由来したらしく、それを京の遊里が真似て、吉原をはじめとした各地の遊廓もそれに倣《なら》ったとか。

そんないわれがあるとおり、遊廓とは買売春の許された区域全体を指す言葉です。遊廓＝遊女のいるお店を連想する方もいるでしょうが、個々のお店は遊女（女郎）屋・妓《ぎ》楼《ろう》、揚屋《あげや》、置屋《おきや》といった呼び方をします。

さらにいえば、遊廓は「遊里」や「色町」などとも呼ばれるように、ひとつの「町」でした。吉原の場合、四角く区切られた区域のなかにはじめ江戸町一・二丁目、京町一・二丁目、角町《すみちょう》といった五町が設けられ、のち揚屋町、堺（境）町、伏見町が増設され、都合八町にわけられます。

このなかには、遊女屋のみならず、茶屋やその他雑貨店（酒屋・小間物屋・薬屋など）も軒を並べていました。外に出ることを禁じられた遊女はもちろん、遊女屋関係者、その他の店のひとたちがこの町に集まり住んでいたのです。

江戸期の吉原は、わずか二万坪程度。その狭い区域に、三〇〇軒前後の遊女屋がずらりと並んでいました。市中と隔絶されたこの土地では働く遊女は少なくとも三千人、多い時期には五～六千人ともいわれます。店の大小によって異なりますが、各遊女屋には遊女をのぞいても十名前後の従業員が勤めており、またその他の商人やその家族などを考え合せれば、吉原の総人口は遊女の総人数の倍近くになったのではないかともいわれています。このように住人でひしめいている場所へ、昼夜を問わずたくさんのお客が出入りしていました。

吉原は、現在の住所としては台東区の千束《せんぞく》にあたります。浅草にほど近く、浅草駅から歩けば二〇分もかからない程度でしょうか。とはいえ市街地からはずいぶんと離れていますし、現在もソープランドが看板を競っていますので、浅草に足を運んだからといって知らず知らずに迷い込むような場所ではありません。

吉原がその営業をはじめた江戸時代においても、足を運びにくい場所、というのは同じだったようです。吉原の遊女屋が記した宝永～享保《きょうほう》（一七〇四～三六）頃の史料「御《お》町中御法度御穿鑿遊女諸事出入書留《ちょうじゅうごはっとごせんさくゆうじょしょじでいりかきとめ》」（『未刊随筆百種　第八巻』所収）には、次のようなことが書かれています。

吉原は遠方であるから、江戸御府内《ごふない》より「慰め」のために足を運ぶ者は、一、二日前より吉原に行くぞと心がけ、奉公人などは仕事を片付け、同僚にもよく頼んで一日をヒマにする。そんな様子だから、吉原に行くのはすぐ周りにわかってしまう。

妻子などに遠慮して吉原へ忍んで行く町人もいるが、吉原では人に見付かると言い訳ができない。だから町中にある違法な遊女屋に行きがちだが、近いからと行って足繁く通い、横領する者などもでてきてしまうのだ。


ようするに、吉原は遠くて足を運びにくい場所なんだということが強調されている訳です。吉原は中心地から離れていたのはもちろん、田畑が広がるなかにポンと置かれたような町でした。それは、当時の地図をみてもよくわかります（【図1】）。そんな田んぼに囲われた場所にあれば、「ちょっと別に用事があって……」なんて言い逃れもできないことがよくおわかり頂けるのではないでしょうか。

しかし、これを書いた当時の名主《なぬし》たちは、それが吉原の欠点であると主張したいとか、場所をうつして欲しいと嘆いているわけではありません。逆に、身近に遊女屋があると、たびたび足を運んでしまうから金銭を浪費し、はては横領といった犯罪行為にもつながる。だから市中に遊女屋はあるべきでなく、現状のように「遠い」のが良いのだと主張しているのです。

こうした主張の背景に、市中で営業する違法な遊女屋を潰したいという思いがあったことはいうまでもありません。

吉原は、徳川幕府がひらかれてまもない元和三年（一六一七）に、その設置を許された買売春公認地区です。幕末にいたるまでは、江戸における唯一の公認遊廓でした。一方で、吉原の経営をおびやかす違法営業の遊女屋もまた、江戸市中に数多くありました。たとえば深川や本所、根津や赤坂界隈などがそうでした。

このように違法な遊女屋の集まる場所を、江戸では岡場所と呼びます。

岡場所は、江戸時代をとおして、吉原にとって憎き敵《かたき》、目の上のたんこぶでした。吉原は岡場所に客が流れることに腹を立て、その取り締まりをたびたび公儀へ申し出ています。何度取り締まろうとご法度《はっと》の遊女屋はすぐに復活するのですが、そのいたちごっこの一端を書き留めたのが、右に挙げた史料なのです。

吉原が主張していた「遠い」という利点は、言うまでもなく、風紀上の観点から考え

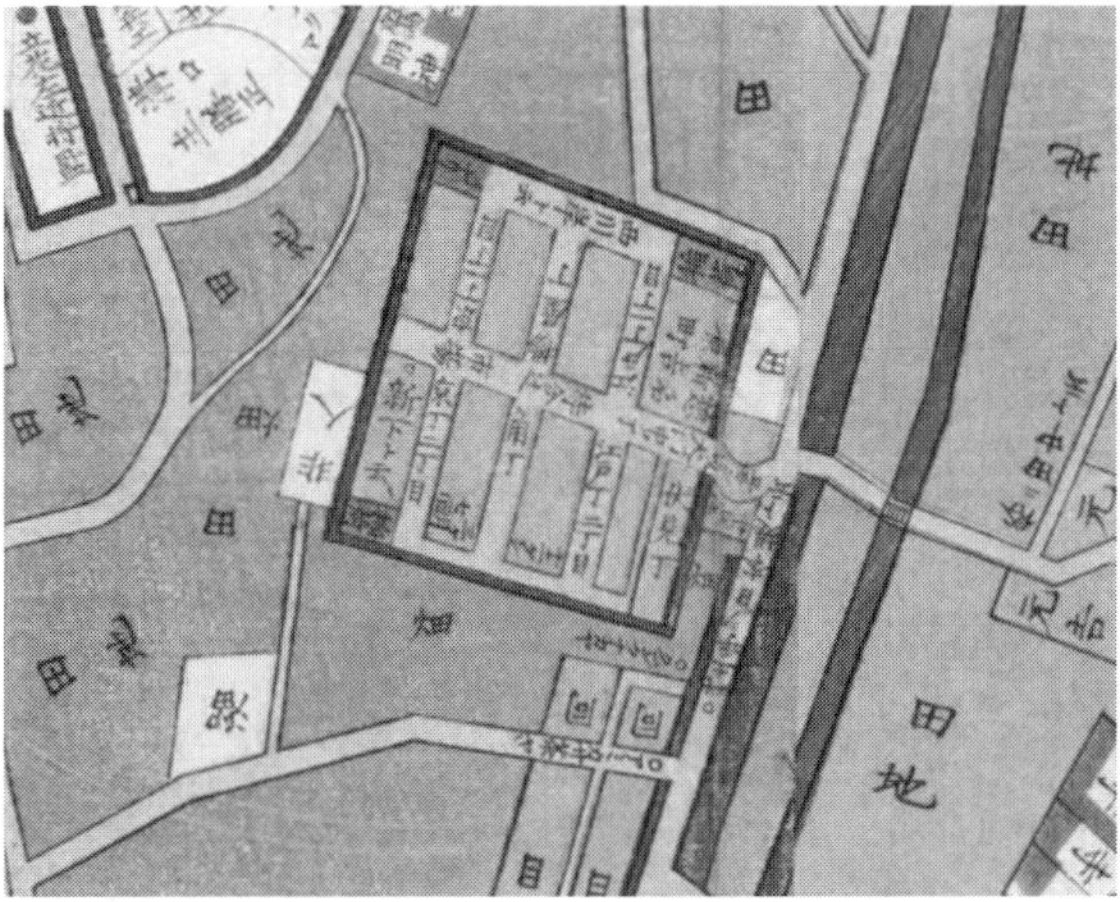

【図1】『江戸切絵図　今戸箕輪浅草絵図』（嘉永6年・部分）

ればです。足を運ぶ側の客にとっては、とんでもなく不便であったことは間違いありません。もちろん、吉原側も本気で市中から遠いことが良いと思っていた訳ではありません。ここで述べているのはあくまで公儀に対する建前で、本音は別のところにありました。

吉原ははじめ葺屋町《ふきやちょう》（現・中央区日本橋人形町・富沢町）に設けられ、明暦《めいれき》三年（一六五七）に幕府の命令によって浅草に移転しましたから、はじめから不便な場所にあったわけではありません。

京都の島原遊廓もそうですが、遊廓は市街地の開発にともない、辺鄙《へんぴ》な地に移される傾向にあります。遊廓が街の中心地にあっては風紀上よろしくないからです。ただ、吉原が辺鄙なところに置かれれば、違法の遊女屋が市中にはびこることになるのは必然です。まさに本末転倒。江戸の名所としてその名を轟かせながらも、吉原が執念深く岡場所のお取り潰しを願ったのには、そうした背景もありました。

吉原が大繁盛だった寛文～天和の頃

岡場所は吉原にとって目の上のたんこぶだった訳ですが、岡場所の取り締まりには副産物もありました。それは人材の獲得です。

岡場所で働く違法な私娼は隠売女《かくしばいじょ》と呼ばれましたが、彼女たちは取り締まりによって身柄を拘束されると、しばしば吉原で働かせられました。とりわけ初期の吉原に大きな影響を与えたのは、寛文八年（一六六八）の頃におこなわれた岡場所の摘発による隠売女の流入です。このときの摘発によって多くの遊女や遊女屋が吉原に居を構えることになり、その結果「散茶女郎《さんちゃ》」という、安価に遊べる遊女の位がうみだされたのです。

吉原の遊女たちは、容姿はもちろん、才芸に秀でているかなどが総合的に判断され、一人ひとりランク付けされていました。このランク付けによって、遊ぶのにかかるお金も違ってきます。時代によって違いがありますが、初期の吉原には最高位として「太夫《たゆう》」の位が据えられ、ついで「格子女郎《こうし》」、「局女郎《つぼね》」といった位がありました。それぞれの違いについてはのちに述べたいと思いますが、肝心なのは、初期の遊女は位の差はあれ、とうてい「庶民には手が届かない存在」であったということです。そうした遊女たちを相手にできたのもまた、身分や家柄の高い人々——たとえば大名や上級武士など、ほんの一握りでした。

そうした状況が一変したのが、さきほど挙げた散茶女郎の登場です。散茶女郎という安価に、気安く遊べる遊女が登場したことで、それほど身分の高くない人々——たとえば町人とか下級武士なども、吉原に足を運ぶようになりました。これは、当時の吉原にとってものすごい変革です。そして、さまざまな身分の人が通うようになれば、客の数は増大。吉原は大繁盛の時を迎えます。

さらに吉原にとって幸運だったことに、散茶女郎が登場したのちは、以前からいた高級遊女たちも引く手あまたとなったようです。散茶女郎ブームにつられて、高級遊女を好いていたお客も負けじとお金を注ぎ込んだ訳ですね。揚屋という、太夫や格子女郎などの高級遊女を呼んで豪奢に遊ぶお店の最盛期も、寛文ののち、延宝から天和《てんな》の頃（一六七三〜八四）であったと言われています。

「最盛期」というからには、この後、その衰退があったことは明らかです。のちにも詳しく述べるとおり、吉原は江戸の中頃から徐々に経営不振に陥り、やがて宝暦（一七五一〜六四）の頃には最高位の太夫が、安永・天明（一七七二〜八九）頃までには格子女郎の位が消滅します。揚屋も、宝暦頃には姿を消すこととなりました。その後は散茶女郎が呼出《よびだし》や昼三《ちゅうさん》、附廻《つけまわし》といった位に分離し、「花魁《おいらん》」と称される高級遊女の位にとってかわっていったのです。

江戸時代だけでも約二五〇年続いた吉原の経済状況を、一概に比較することはできません。ただ、岡場所の摘発によって散茶女郎が登場し、呼応するように高級遊女も人気を得たこの寛文〜天和の頃は、間違いなく吉原大繁盛の時代でした。

遊女評判記ブームと作者たち

大繁盛の時代、いまひとつ盛り上がりをみせたものに、遊女評判記の刊行があります。遊女評判記はすでに触れたとおり、遊女のレビューをまとめた本です。遊廓で遊ぶ客のためのガイドブックであり、遊女の宣伝媒体で、吉原案内としてよく知られる吉原細見の前身といえるものです。そこで書かれた評判は、遊女の外見や性格にとどまらず、客との噂話や、床《とこ》での情事にも至ります。

例を挙げれば、こんな形です。「角町庄右衛門抱えの千手《せんしゅ》という遊女。心立てよく、情も深くて万《よろず》良い。だが、口元に嫌なところがあるとのお話。ある時三浦屋の生田《いくた》・初嶋《はつしま》と一緒の酒宴にでたが、千手は生田の客に例のごとく口を吸わせ、奪おうとしたらしい。初嶋が目ざとく気づいたからいいが……世の若い女郎は客を吸いとられてしまうだろう」（『吉原大雑書』）。千手の良いところを書きつつも、口吸い（口づけ）を仕掛けて他の遊女の客を奪ってしまう常習犯だ、ということを暴露する評判になっています。

ほかには、三浦屋の小紫《こむらさき》という遊女と「床入《とこいり》」（寝所をともにすること）をしないで七度を迎えた客が、ようやく本懐を遂げた顚末について書かれている評判もみられます（『吉原草摺引《よしわらくさずりびき》』）。床でのアレコレはやはり読者の関心が高かったのでしょう。遊女の

「一儀（いちぎ）」、すなわち男女の交接は「お茶」という言葉で表され、「お茶は初対面にても望（のぞみ）次第。百服にても立由《たつるよし》」（『嶋原集』三笠）などと書かれているものも。隠語を使って遊女の年齢や悪口が記されている場合も多く、いってしまえば評判記は、ゴシップ色の濃い、下世話な類のレビュー本だったと言えるでしょう。

もっとも、遊女評判記ははじめから下品なものであった訳ではありません。江戸時代初期のころから遊女評判記は細々《ほそぼそ》と刊行されていますが、はじめは紀行文体であったり、遊女をあらわす詩歌に力をいれたりと、高尚とさえいえるものでした。それでは、なぜゴシップ的な要素が増えていったのか。ひとえに、吉原が繁盛し、遊女評判記の刊行も盛り上がっていったためです。

さきに、遊女評判記は現在一〇〇種ほど内容が伝わっていると言いましたが、残っていないものも含め刊行数をみてみると、寛文の半ば〜貞享《じょうきょう》（十七世紀半ば）頃の点数が目立ち、多い年には二〇冊ほども刊行されています。

遊女評判記が売られていたのは娯楽的な本を売っていた日本橋の草紙《そうし》屋のほか、吉原内でも薬屋で売られたり、貸本屋が売り歩いたりしていました。貸本屋は貸本と販売を兼ねていた行商で、遊女評判記の挿絵にはよく遊女たちの格子の前を歩く「ほんうり（本売）喜之介」（【図2】）が描かれています。挿絵のように廓中で売り歩かれ、訪れた客はもちろん、店の関係者や遊女などの手にも渡ったようです。

一冊につき発行されたのは一〇〇〜一五〇部程度と、ささやかな数だったようですが、新しい遊女の情報をうしろに加筆して何度か増補再版しているものもあります。当時は買うより貸本を利用する方が多かったといいますから、部数よりかなり読者が多かったように思います。

部数が少ないうえに内輪ネタが多いため、読んでいたのは関係者だけなのではないか、と推測する研究者もいます。出版が下火の頃はそういうこともあっただろうと思いますが、年に二〇種ほども出されていた頃などは、とても内輪だけに向けて書かれていたとは思えません。のちに江戸土産としても喜ばれたという吉原細見に比べれば、かなりニッチなものであったのは間違いないですが。

刊行が急に多くなった寛文の頃は、先述のとおり、散茶女郎が登場し、客の大衆化がはじまった時期です。そのため、遊女評判記の需要も増したのでしょう。吉原細見のように地図を付したり、並び順をわかりやすくしたりと、初心者にわかりやすい趣向を凝らしたものも登場し、出版合戦が繰り広げられていくこととなりました。

刊行が盛況だった頃の遊女評判記を読んでいると、「この作者は本当に性格が悪いな！」と感じることが多々あります。理由はさまざまですが、よくあるのは、前に出版された遊女評判記に対する口撃がひどいこと。

「○○という評判記でこの遊女は情に厚く心優しいと書かれている。だが、実はこんな悪事をしている。あの作者の目は節穴だ！」といったふうに、先に出された遊女評判記の誤りを非難するのは、遊女評判記の刊行がはじまった頃からありました。一種の様式美です。寛文以降はこれが更にヒートアップして、「誰かをけなさないと遊女評判記は書けないのか？」というくらい非難合戦が白熱していきます。

同時に、遊女に対する批評も辛辣《しんらつ》になっていきます。「心悪《あ》しき」「面体《めんてい》悪しき」といった文言はもちろん、「どこやら人喰犬《ひとくいいぬ》のようだ」（『吉原よぶこ鳥』万代）とか、「肥えて油がつき、豚の毛を毟《むし》ったよう」（『讃嘲記時之《さんちょうきときの》大鼓《たいこ》』しかの）なんて記述までみられます。

遊女の欠点を書くというのは、評判記としては当然のことでしょう。しかしそういった

【図2】頓滴林ほか『山茶やぶれかさ』（延宝3年・部分）

枠におさまらないような侮蔑《ぶべつ》的な悪口を吐いたり、ゴシップばかりを詳細に記すような評判記がどんどん増えていきました。

確かに、ただ褒めるだけでは、読者は面白がらなかったかもしれません。他の作者に対する批判も、売るためのひとつの趣向だったのでしょう。その証拠に、自分が書いた評判記を別人の作のように偽って批判する、なんてこともされていました。でも、書かれる側の遊女にとってみれば、盛り上げるために悪口を書かれたり、擁護されたりと、たまったものではなかったでしょう。

それでは、遊女評判記は、どんな人によって書かれていたのでしょう。

序文や跋《ばつ》文にはたいてい作者の妙なペンネームだけが記されていて、実際にどんな人物であったかは、はっきりしない場合がほとんどです。おそらくは、遊女の生活にある程度関わり合いをもったひとたちだろうと考えられています。たとえば、遊廓内の店の関係者、もしくは遊女をしばしば買った客などです。

この推測にはいろいろ理由があるのですが、寛文以降の作者の性格がよくわかる著名な一節を紹介しましょう。『長崎土産』（延宝九年〈一六八一〉）の記述です。これは長崎丸山遊廓を対象とした遊女評判記ですが、作者自身は上方《かみがた》出身であると述べています。『長崎土産』を書く自分もそうであるが、遊廓で遊び金銭を剝《は》ぎ取られた者が上方にも多い。しかし、こりずに遊女評判記を板行（刊行）し、自ら遊女を買う金はないから物持ちの若人をそそのかして取り巻きとなり、太鼓持《たいこもち》とも客ともわからず遊廓内をさまよい歩く。

遊女屋も揚屋も内情を覗かれるのは嫌だが、強くあたって遊女評判記に悪口を書かれても困る。それに、ひやかしで来たような若い人を伴って登楼してくれる人でもあるから許そう、などといって、皆作者がうろうろしていても知らん顔をする。

ようは、遊廓で金を遣い果たしたけれど、それでも遊廓を離れずどうにか入り浸っていたようなひとが遊女評判記を書いていたんですね。金を遣い果たすというのは、余程のことです。きっとお客として通っていた頃は羽振りよく、遊女はもちろん、お店の人たちもおこぼれに与かっていた筈《はず》です。商売とはいえそんなふうに金ヅルにした元お客がうろうろしていたら、見て見ぬ振りをしたくなるのが人情でしょう。この『長崎土産』の作者も「悪性大臣嶋原金捨」なんて名乗っていますから、京都の島原遊廓で金を遣い果たし、腫れ物扱いをうけていたことが想像されます。

こんなふうに遊女評判記は、店の者なのか客なのかよくわからない、けれど遊女の生活空間に関わり合いをもったひとたちによって担われていました。彼らがいくら遊廓に精通していたからといって、数多くの遊女を一人ひとり把握し、詳しい評判を書ける訳がありません。遊女評判記を書くには、当然ながら、協力者の存在が不可欠でした。

客情報提供コミュニティの存在

延宝三年（一六七五）『山茶《さんちゃ》やぶれ笠《がさ》』（小石河住山水氏頓滴林）の末尾には、客から情報を募ったことについて、こんなふうに書かれています。

お客たちを招きよせ、それぞれの遊女の心根や善し悪しなどを事細やかに語らせ、怪しい話は咎《とが》め、詳しく但し書きを入れるなどした。なにかの証拠になるだろうから、話を聞いたお敵《てき》（客）たちの異名を評判にことごとく書き加えた。良く書かれた遊女は更に良くなるよう精進し、悪く書かれた遊女は注意しなさい。

遊女評判記執筆にあたってわざわざお客たちを呼びよせ、それぞれが会っている遊女について語らせたということです。どこに呼び集めたかは書かれていませんが、評判記の作者はどうも揚屋の一角や揚屋裏の座敷を間借りしたりしていたようなので、見知った客を座敷に招き、酒でも飲みながら話を聞いたのでしょう。

客の異名というのは客が遊廓で名乗るニックネーム（替名《かえな》）のことで、たいてい本名の一字をとりました。同書には遊女の評判の末尾に「はん町六かたる」「町人源にきく」などと逐一書かれていて、「六」や「源」に聞いたということがわかるようになっています。このように証人をいちいち明記したもののほか、評判記のなかには十人ほどで批評した、と書かれているものもあります。作者のまわりにいろいろな客が寄り集まって、ある種のコミュニティが形成されていたようです。

日頃からそうしたコミュニティに関わりをもっていなくとも、評判記の作成を知り、酒肴《しゅこう》などを持参して、遊女の批評を頼んで来るような客もいたようです。たとえば次は延宝八年（一六八〇）『吉原歌仙』（作者未詳）における、せいしゅという散茶女郎についての評判です（江戸町二丁目おもだかや内）。

最近出版された『胡椒頭巾《こしょうずきん》』という遊女評判記に書いてあったのだが、『胡椒頭巾』の下書きを書いている際、せいしゅを深く想う客が「頼みたいことがある」といって酒肴を携え作者に会いにきたという。どんなお願いかと聞けば、「今度散茶女郎の評判記をお出しになると風のたよりに聞いた。きっとおもだか屋のせいしゅの事もお書きになるのでしょう。頼みたいことというのは、せいしゅについてなるべく悪く書いていただきたいということだ」と言ってきたという。深い心入れもあったものだ。

遊女評判記『さん茶評判胡椒頭巾』が執筆される際、それを聞きつけてせいしゅと深い付き合いの客が、悪評を書くことを依頼したケースです。「深い心入れ」といってますから、きっと自分の好きなせいしゅにこれ以上人気がでては困ると思ったのでしょう。せいしゅにとっては嬉しいような、迷惑なような。こうした記述は他の評判記にもみられ、作者は見知った客だけでなく、接触してくる客からも情報を取り入れていたことがわかります。訪ねてくるひとがいるあたり、評判記の作者は吉原内である種の有名人だったんですね。

これまで見てきたように遊女評判記は作者ひとりの手によるものではなく、作者を軸とした客との関係性のなかで作成された刊行物だといえます。さらに面白いのは、その関係性のなかには遊女も含まれていたという点です。ただ、これについて話し出すと長くなりますので、遊女と作者の関係については、また後ほどみていきたいと思います。

出版統制の強化と吉原細見の登場

当時のお客の声をありありと伝える遊女評判記ですが、残念ながら、その刊行は元禄期（一六八八～一七〇四）以降急激に失速し、宝暦（一七五一～六四）頃には姿を消すこととなります。理由には諸説ありますが、その一つに五代将軍綱吉《つなよし》が発布した出版統制令があったのではないか、と私は考えています。

出版統制というと八代将軍吉宗の出した享保のものが有名ですが、綱吉の貞享・元禄期の統制もかなり厳しいものであったそうです。この時期の統制では人の噂など、ゴシップ的な記述も問題とされたため、遊女評判記は内容的にアウトになってしまいました。とはいえ、幕府がわざわざ遊女評判記を取り締まった訳ではありません。不満の声をあげたのは、悪口を書かれた遊女や彼女たちの所属するお店でした。元禄や宝暦の頃から、評判の内容に不満を抱いたお店が、幕府の法を根拠に遊女評判記の作者や板元《はんもと》を町奉行に訴えはじめたのです。

興味深いことに、作者らを訴えたお店は、吉原のなかでは新しめのお店です。おそらく、作者としがらみもなく、遊女評判記に恩恵を受けたこともあまりなかったのでしょう。とはいえお店単独で訴訟に踏み切ったかは怪しいところで、もしかしたら他のお店もつねづね遊女評判記を迷惑に思っていて、町の有力者なんかも巻き込みながら、みんなで訴訟を後押ししていたのかもしれません。

こうして遊女評判記が出しにくくなるなか、板元が目をつけたのが、「吉原細見」です。吉原細見は巻頭に廓中の絵図を載せ、その後各家の遊女の名前などを羅列する、ひと目で分かる形の吉原案内です。細見は貞享の頃からわずかに出版されはじめますが、はじめ一枚摺《ず》りの絵図であったところ、享保の頃（一七一六〜三六）には冊子《さっし》型になり、携帯の便がよくなります。

なかには記号で遊女の評判を表すような細見もあります。たとえば、「●」を付した遊女は「風俗が派手ではしたなく、人づきあいが悪い」とか、「〇」の場合は「容貌が麗しいのみならず、心ざしが素直で情が深い」といった具合です（『新吉原細見図』・元禄六年〈一六九三〉）。ただし基本的に余計な情報は記されておらず、訴訟の心配はなくなりました。いろいろな事情を鑑みれば、細見という形に落ち着くのは妥当でしょう。

一年に一部以上刊行されるなど、安定した刊行が明治頃まで続きます。

そして遊女評判記にみられたゴシップ的な内容は、井原西鶴《さいかく》にはじまった浮世草子、その後登場する洒落本といった小説のなかで花開くことになります。ありのままを書いては遊女評判記のように問題になりますから、あくまで物語として記されました。ほとんど脚色なしに遊女を語る媒体は、遊女評判記を最後に姿を消すこととなります。

花魁イメージは江戸中期以降

いま目にする吉原や遊廓のイメージは、大半が江戸中〜後期以降、すなわち十八世紀以降の姿であることをご存知でしょうか。

たとえばよく知られる「花魁」という言葉。高級遊女を指す言葉ですが、遊女評判記には登場しません。なぜなら「花魁」という言葉が使われるようになったのは、遊女評判記が刊行されなくなった後、明和（一七六四〜七二）頃からだからです。

有名な「花魁道中」についても、高下駄を履いてゆっくり外八文字《そとはちもんじ》に歩く……というのは江戸後期から。以前から「道中」はありましたが、もともと単に遊女が揚屋に移動することで、デモンストレーションのようなスタイルではありませんでした。そのほか、春に仲之町に植えられた桜や、新盆に飾られた玉菊灯籠《たまぎくどうろう》など、有名な吉原の景観やイベントは、ほとんど江戸中期以降にはじめられたものです。

なぜ中期以降なのでしょう。その背景には、吉原の目の上のたんこぶである、岡場所の存在がありました。とくに享保の頃（一七一六〜三六）から岡場所の人気が盛り上がりをみせ、比例するかのように、吉原の店々の経営は悪化していきます。吉原の者は岡場所の取り潰しに精を出しますが、そればかりにかまける訳にもいきません。結果、経営戦略のひとつとして、観光地化がはかられたと考えられています。

その目論見《もくろみ》どおり吉原は、江戸の名所としての地位を確立していくことになります。しかし残念なことに、観光客は増えても、大金を払って遊女を買うような客の数はついぞ戻りませんでした。飯盛旅籠《めしもりはたご》を抱える江戸四宿《ししゅく》（品川宿・千住《せんじゅ》宿・板橋宿・内藤新宿）にも客を奪われ、幕末の頃には、吉原不繁盛の理由を町奉行が調査するまでになってしまいます。

これに対して遊女評判記が盛り上がっていた時代——すなわち江戸前〜中期頃の吉原は、これといった行事や名物こそありませんでしたが、経営的には安定していました。むしろ安定していたからこそ、繕《つくろ》う必要がなかったのでしょう。

観光地化も進んでおらず、遊女の装いもそれほど派手でない。そういう意味で、江戸前~中期の吉原は絵面《えづら》的には地味なのだと思います。せっかくこの頃の吉原が映像作品に取り上げられても、後期のイメージが混ざったりしてしまうのは、「吉原らしい」イメージが優先されるからかもしれません。

しかし地味なのはあくまでヴィジュアル面の話であり、吉原がこの頃大いに繁盛していたこと、そしてその内情を文字としてありありと伝える素晴らしい史料が残されていることは、これまで述べてきたとおりです。本書ではこの貴重な史料である遊女評判記をとおし、岡場所にとってかわられる前の吉原の姿を紹介していきたいと思います。

第二章　遊女の実像

廓言葉「ありんす」「なんし」

遊廓を題材とする映像作品で、遊女が「ありんす」という言葉をつかっているのをよく耳にしますよね。「わっちは百姓の娘でありんす」とか、「野暮《やぼ》は嫌いでありんす」とか。この「ありんす」という言葉、いったい何なのかといいますと、遊廓において遊女が日常的に用いいた特別な言葉遣い＝廓言葉（くるわことば・さとことば）です。吉原は「ありんす国」と呼ばれていたほどですが、他には「わっち」（私）、「なんし」（なさいます）なども有名でしょう。

高級遊女をさす「花魁」も、もとは見習いの少女である禿《かぶろ》が自分の姉女郎を「おいらの」と呼んだことからはじまる廓言葉といわれます。少し前の漫画でよくみかけた「ざんす」も、実は、もとを辿れば廓言葉です。上品ぶったひとが使うイメージの言葉ですが、これはのちに東京の山の手の奥様方が「ざんす」を使うようになったためといわれます。

こうした有名な廓言葉以外に、お店ごとに特有の廓言葉も沢山ありました。しかし、そもそも廓言葉はどうして使われたのでしょう？

それは、遊女がつかっていたもともとの言葉を隠すためです。江戸初期の大坂の遊女評判記『満散利久佐《まさりぐさ》』では、玉蔓《たまかずら》という遊女が、「物言いが訛《なま》っていておかしい」と批判されています。

現在では訛りがあるといっても、言っていることがまったくわからないという事態は起きにくくなってきました。しかし、明治半ばに至るまで、日本は「言語（話し言葉）不通」、つまり一歩外にでると言葉が通じない世界だったともいわれています。遊女たちは、生まれた土地も親の身分もそれぞれです。遊女同士が互いにコミュニケーションをとるのはもちろん、お客に応対するにあたって、共通の言語が必要とされたのは当然です。

通じないとはいかないまでも、遊女の訛りが嫌がられたのは、先の『満散利久佐』にもみえたとおりです。天女《てんにょ》のように憧れていた遊女とようやく会えたと思ったら、ものすごく訛っていて、田舎の貧しい出であることが丸わかりだった……なんてことになれば、客の夢を壊しかねません。そうした言葉の問題を解決するために考案されたのが、廓言葉です。いつから使われるようになったのかははっきりしませんが、そのベースは京都の島原遊廓で考案されたといわれます。どこの生まれでも訛りが抜けやすい、勝手の良い言葉だったとか。

このように廓言葉の導入は、客の夢を壊さないための経営手法の一つだったわけですが、客は遊女と懇意になるにつれ、やはりその出身地をも知りたくなってしまったようです。身請けのためにする起請文《きしょうもん》では、「生国《しょうごく》は何といふ所の、誰が子にて御座候《ござそうろう》」と、遊女の出自をはっきり記したという史料も残ります。はじめは自分と別世界の天女を求めても、懇意になればその実際を知りたがったんですね。

残念ながら、遊女の生国を記した起請文はあまり今に伝わっていません。ただ、遊女評判記には少しだけ、遊女の生まれについての記載がみられます。

たとえば『吉原袖鑑《そでかがみ》』（延宝初年〈一六七三〉頃）にみられる、いこくという遊女（三浦隠居内）。彼女についての評判には、江戸町二丁目の庄左衛門の店に所属するふぢおかという遊女と、「実のおとゝい」だと書かれています。「おとゝい」は兄弟・姉妹を示しますから、姉妹ともに身を売られ、別の店に引き取られることになったのでしょう。評判には続いて、「江戸の人にて両親とも無事にあり」ともありますから、江戸の出身で、両親は健在だということもわかります。借金苦か何かで売られてきたのでしょうか。この姉妹のようにばらばらにならず、同じ店に所属する場合もあったようです。

ほかに、かつ山という遊女（新町〈京町二丁目〉峯順内）については、京の出身で、なんと他の遊女屋（三浦屋）に所属するわか山のいとことあります。吉原で偶然の再会を果たしたのか、それとも、いとこと一緒に売られるなんていう場合もあったのでしょうか。

このかつ山については、別の評判記でこんな風にかかれています。

ふつう、侍の子は見目こそよくはないけれど、目のうちに気高いところがあって、いやしい感じはしない。それに対して、下々《しもじも》の子は見目こそ麗しいけれど、いやしくみえるものだ。かつ山はどこがわるいという訳ではないけど、生れがいやしい。ようは、侍は美しくないけど気高さがある、一方で身分が低い者の子は美しくても卑しい感じがするもので、かつ山は美しいけど、「下々」の生まれだから少し卑しいところがある、と言いたいのでしょう。京の、あまり裕福でない家の生まれであることが想像されますが、その視線はちょっときついように思えます。

女衒という仲介者たち

京からとは、また随分遠くから江戸へ連れてきたものです。京にも遊廓や非公認の遊里はありますが、そちらに売られなかったのは、女衒《ぜげん》が「吉原に売った方が儲かる」と思ったからかもしれません。

女衒とは、娘たちを親から買い、遊女屋に売る仲介をした者です。地方によって女見《じょけん》・人置《ひとおき》などとも呼ばれました。元禄二年（一六八九）の『新吉原つねつね草』には、「東国」を見立てにまわり、人の娘を連れてきて吉原に取り持つ女衒に触れられています。良い娘は大方遠州《えんしゅう》（遠江《とおとうみ》国。現・静岡県）から出るとかで、この女衒はよくそのあたりを回っていたようです。

一方で吉原の遊女は越後（現・新潟県）の出身者が多かったともいわれます。とくに飢饉や災害があった年にはやむを得ず娘を売るということがままあり、子どもの間引きをあまりしない風習があったり、不作になりやすい土地柄の国から売られる傾向があったりしたようです。

しかし、そう都合よく女衒の欲しい「良い娘」が売られてくるとは限りません。そのため、娘の誘拐はもちろん、親に対して不法な高利貸しをして、その代金として娘を無理やり連れ去る女衒などもいたといいます。

こんなふうにいうと女衒＝怖い風貌の悪漢たち、と想像するかもしれませんが、当時の小説の挿絵に登場する女衒は、そうしたイメージとはかけ離れています。たいていの場合はきっちりと襟元《えりもと》を整えたうえに質のよさそうな羽織を着ていて、一見、温和そうな商人にみえます。月代《さかやき》の剃りこみは吉原風に粋ですが、下働きの妓夫《ぎゆう》のようにトガッた出で立ちではなく、「人さらい」のイメージはありません（【図3】）。

そんな印象をうけるのは、女衒が大抵、文書（証文）と筆とセットで描かれているという理由もあるかもしれません。どうして文書と筆がセットかといえば、彼らは身売り証文の作成も担っていたからです。身売り証文とは、遊女となる女性について年季や身代金を定めた契約書で、女衒も「請人《うけにん》」（保証人）として加判するのが常でした。そのように証文の作成を担い、吉原やその周辺に住んだ女衒がいる一方、地方回りをして娘を連れてくる女衒もいました。これが、山女衒《やまぜげん》と呼ばれた人たちです。

幕府は人身売買の担い手である女衒を何度か取り締まろうとしていますが、残念ながら、なかなか効き目はでなかったようです。それどころか、江戸後期には一大勢力を築いた女衒さえ登場します。三八《さんぱち》という男です。当時、吉原周辺に女衒の家は十数軒あったそうですが、そのなかでも三八は、一四、五人の子分を養い、かつ地方の山女衒も多く手下にしていたとか。各地から山女衒に連れてこられた娘たちは、つぎつぎに三八の家にかつぎこまれ、四、五日の間置いてから、吉原に売られたといいます。

なぜ連れてきてすぐに売らないのかといえば、娘たちをできるだけ高値で売るためです。娘たちは貧苦のためにやせ細っていますから、少しの間よいものを食べさせて、肉付きと血色を良くする。嫌々連れてこられた娘たちも、美味しいものを食べさせてもら

【図3】『跡着衣装』（あとぎいしょう／十返舎一九作・喜多川喜久麿画）の一場面。煙管を持った男が楼主（左）。楼主の右にいる手に紙を持っている男が女衒

えば、いい暮らしをさせてもらえるかも……と明るい顔になったかもしれません。仕上げに髪やら着物やらをととのえて、江戸風に仕立てると、吉原で受けが良くなり、高く売れたとか。

とはいえ、遠方から娘を大勢連れてくるのは大変なので、上級遊女を除く遊女の七、八割は、吉原近郊の少女を臨時に雇った「雇禿《やといかぶろ》」からの出身ではないかともいわれます。吉原では人材不足に悩まされることが多々あったようで、女衒が岡場所に良い娘を売ってしまって遊女が不足し、遊女屋が女衒に対して大層怒っている史料も残され

ています。

こんな風に女衒を介して吉原に入った娘たちは、客をとれるほどの年齢であればいきなり遊女として働くこともありました。まだその年齢に満たなければ、まずは見習いとして自分の面倒をみてくれる姉女郎に付き従い、徐々に吉原の作法を覚えていきます。花魁道中を描いた絵には、たいてい遊女の後ろに対になって歩く少女たちがいますが、それがその見習い、「禿」と「新造《しんぞう》」です。禿はたいてい七、八歳から一二、三歳くらいで、やがて「新造出し」というお披露目を経て新造となります。さらに新造は一六～一八歳くらいにはじめて客と新枕《にいまくら》を交わす「水揚げ」を経て、正式に遊女となりました（目安の年齢は時代によって違いがあります）。

「遊女になる」というのは、太夫・格子女郎・散茶女郎など、種々ある遊女の位のいずれかにつくことです。しかし、新造のなかには遊女になるルートからはずれて、下女や遊女のお目付役となるひともいました。

散茶、格子、太夫――上下する遊女の位

いずれかの位についたとしても、それで「安泰」とはいきません。遊女の位はかなり流動的なもので、位を下げられて名前をかえるのはもちろん、お店をかえ、別の遊女のように勤めることも間々ありました。

『吉原失墜』（延宝二年〈一六七四〉）には、いたましいことに、名を馳せた格子女郎でさえ、最下位の端《はし》女郎に降りることは珍しくなかったと書かれています。どうして位が落とされるのか。それはやはり、人気が落ちるというのが一番の理由のようです。妙な評判がたってしまい客が離れたとか、病でつとめがままならないとか、年齢を重ねたという理由もあったでしょう。

一方で、位が上がるということもありました。『吉原大雑書』（延宝三年〈一六七五〉）には、よしおかという遊女（角町庄右衛門抱え）が、去年までは散茶女郎だったのに、思いがけず格子女郎に「とんぼがえり」したとあります。とんぼがえりということは、もともと格子女郎だったのが、位を落とされ散茶女郎になり、また格子女郎に戻ったという意味でしょう。よほど人気がでたんでしょうか。

ただ、こうした位上がりは、必ずしもおめでたい事柄ではなかったようです。というのも、同書には続いて「散茶から格子に上がれば、最下位の端女郎に降りることもたやすい」とあります。どういう理屈なのかよくわかりませんが、一度位がかわると身分は変わりやすくなったのかもしれません。いずれにせよ、たとえ高級遊女といわれる位についたとしても、その地位に居続けることは難しかったことがわかります。

それでは、遊女になるかならないか、いずれの位につくか等の判断は、誰によってなされたのでしょうか。

ひとつ、興味深い例として、亡くなった遊女の「ついせん」（追善供養）で、その妹女郎を最高位の太夫に据えたという遊女の話が『吉原人たばね』（延宝八年〈一六八〇〉）にあります。それによれば、三浦屋の唐崎《からさき》という太夫が亡くなったあと、その同僚であった小紫《こむらさき》という太夫が、唐崎の形見である「かせん」を太夫に引き立て、薄雲《うすぐも》という名前でデビューさせたとのこと。三浦屋は吉原のなかでも数多の名妓を輩出した有名な店ですが、なかでも「薄雲」は三代にわたって襲名された名高い太夫名です。商売敵の妹女郎を太夫に引き立てるのみならず、薄雲を名乗らせたことに、『吉原人たばね』の作者今宮烏《いまみやがらす》はいたく感激しています。

これは姉女郎が亡くなり、その妹女郎を他の遊女が推薦したというケースですが、評判記にはしばしば新米の遊女について「〇〇（姉女郎の名前）の引き立てなり」といった文言がみられます。姉女郎に目をかけてもらえるかどうかは、妹女郎の出世に大きくかかわっていたんでしょう。

もちろん、姉女郎の独断によって位が決定する訳でなく、遊女を抱えるお店の楼主（亭主）や女将の意向も重要でした。『吉原丸鑑』という評判記には、しがさきという散茶女郎について、「本当は太夫や格子女郎でもおかしくないのに、そうでないのは、亭主が店の繁盛を優先させたからだろう」と書かれています。

『吉原丸鑑』が書かれた享保五年（一七二〇）の頃は、高級遊女を買えるような客が減ってきて、比較的安価な散茶が人気の時代です。たとえ高級遊女になり得る逸材であろうと、あえて下の位につかせて客を沢山とらせるという、楼主の経営上の判断があったことがうかがえます。くわえて、高級遊女を呼んで遊ぶ店である揚屋側の意向が、遊女の位を左右する場合もありました。

妹女郎も、ひとたび位につけば、姉女郎の商売敵です。そうなると、あまりいい位につかせたがらなかったんじゃないかと想像してしまいますが、なかには「格子女郎なのに新造から太夫を出した」という、自分より妹女郎を出世させた姉女郎もいたようです。

近代の遊女屋では家族を模した経営方針――すなわち、楼主夫婦を親として、遊女を娘たちとみなすようなやり方がとられていたことが知られていますが、江戸時代の吉原でもそうした形がとられていたのかどうかは、はっきりしません。ただ、こうした例をみるかぎり、少なくとも擬似的な姉妹関係は成り立っていて、姉が妹を心配するように、妹女郎の出世を気遣っていた様子が目に浮かびます。

とはいえ、後にご紹介するように、破天荒《はてんこう》な姉女郎と、それに困るおとなしい妹女郎などという、性格のあわない組み合わせも多くあったでしょう。実際、姉女郎に付き従って作法を習う新造の期間は、妹女郎にとってかなりシンドイところがあったようです。

『吉原つれづれ草』（宝永六年〈一七〇九〉頃）には、新造の時の苦労について、「腹を立てたくなるようなことが沢山あって、物悲しく、心がひねくれてしまうことも多い」とあります。どうにも心が塞いでしまうような出来事が、日々あったのでしょう。さらに、「お目付役の遣手《やりて》をお師匠様のように怖がって、姉女郎の思いのままに動き、腰元（下女）のようにこき使われるのは、禿の時とかわらない」ともあり、禿から新造にあがっても、その辛さは続いたようです。

禿が姉女郎の道中にくっついて歩く姿はよく描かれていますが、ほかには、料理や食器を運んだり、手紙を客に届けたりといった雑用もこなしました。くわえて、字の手習いや、三味線などの稽古も、遊女になるためには欠かせません。姉女郎に付き従い夜遅くまでお座敷にでることもあったでしょう。挿絵にみえる禿のなかにはほとんど赤ん坊のような子もいますから、年下の子守もしていたかもしれません。遊びたい盛りの幼い子どもには、さぞ忙しい毎日だったのではないでしょうか。

新造になってもそうした雑用はなくならないばかりか、客をとる、という新たな仕事も加わりました。先に、新造が遊女になるのは一六～一八歳くらいと説明しましたが、実は、それ以前から、姉女郎の許しを得て、客をとることは間々ありました。花代は細見などに書かれないことが多いですが、おおよそ二朱くらいだったといいます。江戸中期頃、太夫を呼ぶだけで、今の相場に換算して十万円ほどかかるとすれば、新造は一万円未満で済むのです。

そんなふうに安価だからでしょうか、新造にはあまりいい客がつかなかったといいます。『吉原つれづれ草』いわく、新造の客は、姉女郎の名代《みょうだい》のほかはもっぱら「おやぢ」「座頭（剃髪《ていはつ》した盲人）」「太鼓持《たいこもち》」であり、新造はこれらの人に身をまかせることを恥じ、他人を羨んだとか。新造のなかには姉女郎のお客に惚れ込んでしまうようなひともいたようですが、それは普段の相手によほど「ムリ！」と思う客が多かったからなのかもしれません。

それにしても、ここで嫌な客としてあげられている「おやぢ」や「座頭」は、どうして新造に嫌がられていたのでしょう。宴席を盛り上げる「太鼓持」だって、相手にするのを恥じるほどイヤなものだったのでしょうか。

次章では、どんな客が遊女に振られ、あるいは好まれたのかをみていきましょう。まずは、その諸相が大変興味深い、「役者」客に注目してみたいと思います。

第三章　遊女と役者

浄瑠璃役者を振った「小ふじ」

ときは延宝、徳川将軍四代家綱《いえつな》の時代。約二六〇年にもおよぶ江戸時代からしてみれば、まだまだ序盤の頃。吉原の遊女のとある行動を絶賛する評判が、『吉原大雑書』（延宝三年〈一六七五〉と題された遊女評判記に残されています。その記述は、次のとおり。

「この小ふじという遊女は、『くらべ物』という遊女評判記によれば、浄瑠璃《じょうるり》役者が登楼した際に『この客はいや！』といって怒って帰ってしまったらしい。これは、前代未聞の手柄ではないだろうか」

吉原京町一丁目の三浦屋に所属する小ふじという遊女についての記述です。三浦屋は、当時遊女の最高位であった太夫を数々輩出した著名な遊女屋でした。小ふじも、太夫に次ぐ格子女郎という位で、庶民には手の届かない高嶺《たかね》の花です。ここではその小ふじが、客として登楼した浄瑠璃役者をふったという話が、「前代未聞の手柄」と大絶賛されているのです。

今でこそ浄瑠璃は高尚な伝統芸能ですが、この頃は身近にある娯楽の一つでしたから、役者は芸能人、もっといえばアイドルみたいなものです。それなのに、どうして小ふじはひと目みて「いやだ」と役者を振り、おまけにそれが作者に喜ばれているのでしょう。

話を進めていく前に、少しこの時代のことをお話ししておきましょう。

このとき治世を行っていたのは、徳川将軍四代家綱。五代将軍の綱吉に比べれば、あまり有名ではないかもしれません。三代家光《いえみつ》の長子で、慶安四年（一六五一）家光の死により将軍となります。御年《おんとし》わずか一一歳。就任当初に幕府の転覆を企む浪人由比正雪《ゆいしょうせつ》の乱が起こったり、江戸城から天守閣を奪ったかの有名な明暦《めいれき》の大火が起こったりと、治世の前半はなかなか波乱に満ちています。ただ、この遊女評判記が書かれた延宝の頃には、大名に対するしめつけを緩やかにしたり、統一通貨をうまく運用できるようになったりと、だいぶ治世も安定しています。

しかし、もともと病弱だったという家綱は、延宝八年（一六八〇）、四〇歳の若さで亡くなります。そして、忠臣蔵や生類憐《しょうるいあわ》れみの令で有名な弟の綱吉が五代将軍となるわけです。先ほどあげた遊女評判記は、家綱の時のものではありますが、もうまもなく綱吉の時代になる、狭間の頃の話ということになります。

時代がくだると遊女と遊ぶのはもっぱら遊女屋（遊女の住む家）の二階になりますが、この延宝の頃、高級遊女たちは遊女屋ではなく、揚屋と呼ばれる豪華な遊び場に赴き、客をもてなしました。高級遊女がこの揚屋へ赴く姿が「道中」と言われ、やがて「花魁道中」と呼ばれる一大デモンストレーションになっていくのは前にも触れましたが、ともかく小ふじはわざわざ揚屋に出向いたのち、浄瑠璃役者が客であることを知って怒って帰ってしまった訳です。

揚屋は、もともと大名や上級武士といった大身《たいしん》のお客さんをもてなすためにつくられたという、豪奢な遊び場です。はじめ吉原では遊女をお客さんのもとに派遣する「町売り」をしていたので、大名や上級武士は自分の豪華な邸宅に遊女を呼び、悠々と遊ぶことができました。しかし「遊女がふらふら出歩くのはよくない」ということで、町売りは禁止。それならば大身の客も満足するような豪華な遊び場を吉原内につくらなきゃ、ということで、揚屋がつくられたといわれています。

残念ながら吉原の揚屋は江戸中期の宝暦頃には姿を消してしまいますので、どんな風に豪華だったのかは、確かめようがありません。ただ、京都に残る島原遊廓の揚屋「角屋《すみや》」の遺構（重要文化財）をみると、大小とりまぜ多くの座敷が設けられ、四季の草花の描かれた襖《ふすま》にちなむ間、壁や床の間、棚・建具《たてぐ》の桟にいたるまで青貝をはめ込んだ中国風の間があるなど、それぞれ意匠が凝らされています。大座敷に面した日本庭園もそれはそれは見事なものです。

吉原でもきっと大きな揚屋はそういった趣向を凝らし、花鳥の蒔絵《まきえ》や螺鈿《らでん》をあしらった食器や建具がならぶなど、お大名様でも快く過ごせるよう贅がつくされていたのではないでしょうか。

揚屋はそんな高級な場所ですから、誰でも遊べる訳ではありません。いまでも京都の花街《かがい》には「一見《いちげん》さんお断り」というルールがあるそうですが、揚屋で遊ぶのも、誰かの伝手《つて》を辿るなど、いろいろな手続きが必要でした。

井原西鶴の小説『好色一代男』には、主人公・世之介《よのすけ》が揚屋でとおされた部屋の襖をあけたら、八畳の小座敷がすべて新しく仕立てられ、盃《さかずき》や酒を温める鍋、吸物椀などにはすべて世之介の定紋《じょうもん》である撫子《なでしこ》が散らされていた、なんてシーンがあります。随分力を入れたおもてなしです。準備にはさぞお金も時間もかかったことでしょう。揚屋が客を厳選し、手間をかけてもてなしをする価値のある客――つまりは確かな金持ちだけを相手にしたのも頷けます。

高級遊女と流行のスター

客が厳選されるのですから、当然揚屋にあがる遊女も限られます。浄瑠璃役者をふった小ふじは、最高位の太夫に次ぐ位の格子女郎で、揚屋にあがることを許された高級遊女の一人でした。

くどいようですがこの頃はまだ江戸時代も序盤。ですから、高級遊女といっても、よくイメージされる「花魁」のように、綺羅《きら》びやかな簪《かんざし》を後光のように髪にさし、幅広の帯を前に締めて……といった派手な装いはしていません。

髪には簪や櫛《くし》をつけず、髷《まげ》を結って頭を華やかにみせるというのが主流でしたから、小ふじもきっと艶やかな黒髪を結って末端をねじ巻き、頂上に突き出させる兵庫髷《ひょうごまげ》なんかにしていたでしょう。あるいは、前髪を膨らませつつ後ろに髪をながす下げ髪だったかもしれません。アクセントになるのは、平元結《ひらもとゆい》という髪飾り。厚手の和紙でできたもので、髷の根からちょこんとのぞくわけですが、これがパッと見蝶々結びをしたリボンをつけているようにみえて可愛らしい。

つくろいのない美しさが尊ばれた頃ですから、化粧は薄く粉をはたいた程度。着物の柄はこの頃からいろいろとありましたから、季節の花を大きくあしらったようなものであったかもしれません。ただし帯の幅は細く、五寸（約一五センチ）程。遊廓を桃源郷たらしめたのは音楽と香りだともいいますから、たきこめた甘い伽羅《きゃら》の香りが、髪から着物から漂っていたでしょう。

そんなまさに匂い立つような美しい女性と対面できたかと思えば、一瞬でふられてしまった浄瑠璃役者。きっと小ふじが座敷にあがる前から杯を傾け、連れてきた太鼓持と軽口なんかを叩きながら、期待に胸をふくらませていた筈です。その心情は、察するに余りあります。

当然ながら、役者がみな吉原の高級遊女と遊べるほど稼いでいた訳ではありません。江戸時代に入ると能や狂言は幕府・諸大名の式楽として固定されますが、浄瑠璃や歌舞伎は民衆の人気に支えられたものでした。いまみている時代は、まだ歌舞伎の世界でも「千両役者」というほど稼ぐスターはでていない頃です。

近松門左衛門や竹本義太夫らの登場によって浄瑠璃が大発展したのは、もう少しあとの時代です。小ふじに会いにきた浄瑠璃役者は、よほど流行りの演目に出ていたのでしょうか。江戸では人形の首を引き抜いたり、張り物の岩をたたき割るといった荒々しい演出の金平《きんぴら》浄瑠璃などが流行していたといいますから、そうした一派でのし上がったスターだったのかもしれません。

高級遊女が買えるほど名を上げたんだ、なんて思っていたら、対面した小ふじにこっぴどく振られ……。しかし、同情こそすれ、小ふじの対応を「前代未聞の手柄」とまで称賛するとは、この作者、なにか浄瑠璃役者に恨みでもあるのでしょうか。

太鼓持に惚れた新造「あづま」

もう一つ、同じ遊女評判記から別の遊女の評判もみてみましょう。小ふじと同じ三浦屋の、あづまというまだ年の若い見習い遊女（新造）です。

格子女郎の初祢《はつね》がとある揚屋で客に会うとき、あづまも見習いとして姉女郎の初祢に付いて宴席にあがった。そのころ吉原で宴席をとりもっていた太鼓持に三味線七郎左衛門というのがいたが、初祢の客は、あづまをその太鼓持にあてがい、あづまはその河原役者と情を結んでしまった。七郎左衛門が河原役者であることをあづまが知らないのであればかわいそうだと周囲が心配し、それを知らせたが、あづまは「七郎左衛門が河原役者でもかまわない」といい、七郎左衛門を深く想うようになってしまった。

遊女の目付役である遣手が二人が会うのをとめても、こっそりと手紙のやりとりをする始末。その手紙を周りがのぞきみて笑ったが、それでもあづまは笄《こうがい》に「七命」（七郎左衛門命）と彫らせるほどであった。しかし結局その後誰かから窘《たしな》められ、関係は切れたらしい。こんな話を聞くと、あづまは好色のようだが、遊女としては健気だろうか。
まだ年若いあづまが、七郎左衛門という太鼓持に惚れ込み、周りの反対にあって別れた、という経緯が詳しく書かれています。

太鼓持とは、遊女と客の宴席をとりもつひとです。芸や話で場を盛り上げたり、遊女の扱いに疎い客のフォローにまわったりと、客の遊びに興を添えました。宝暦（一七五一～六四）の頃から専業化が進みますが、この頃はまだ兼業が多く、たいてい客が自分で太鼓持を数人雇って吉原に連れて行きました。『朱雀《しゅじゃか》しのぶずり』（貞享四年〈一六八七〉）という遊女評判記には、上方における太鼓持のランク（おそらく作者らの独断）が次のように記されています。

上之大（太）鼓　歌道の心有る者　医者　針立て　万《よろづ》心得の有人
中　問屋の亭主　自分の手代《てだい》　能役者
下　座頭　川原役者

下々　男だて　ちからづよ　相撲とり　髪結《かみゆい》等

いろんな生業をもつひとが太鼓持を兼ねていたんですね。あづまの姉女郎として名前の挙がっている初袮の評判には、馴染《なじみ》客が芝居町である堺町（現・日本橋人形町）から歌舞伎役者などを連れてきたり、狂言をさせたりしたことが書かれています。七郎左衛門も原文に「いつみ（和泉）がざ（座）」の三味線とあるので、もしかしたら和泉太夫というひとのはじめた金平節《きんぴらぶし》の座に属していて、初袮の馴染客――おそらく財力のある大尽《だいじん》客でしょう――に連れてこられたのかもしれません。

七郎左衛門は「下」のランクの「川原役者」にあたりますが、どうも浄瑠璃役者、とくに語り手の太夫は、下っ端だろうと名手であろうと、太鼓持を兼ねたひとが多かったようです。それもそのはず、唄は座敷を盛り上げるための重要な要素です。声が良く唄い馴れていて、流行の節をよく知っていて……という太鼓持は重宝されたでしょう。浄瑠璃役者に白羽の矢がたったのもわかります。

西尾に薄雲に、柴崎《しばざき》つしま、八《や》ツ橋《はし》、唐崎に高尾、よし野《の》見て来ては、
こちの女房見れば、あのや鈴木町の化物よ

これは寛文の頃に太鼓持がよく唄ったという小唄の一節です。太夫の名前が列挙され、そうした美女をみたあとに自分の女房をみたら化物だった、なんて失礼な唄ですが、さぞ酒宴は盛り上がったんじゃないでしょうか。歌舞伎役者の場合は道化役がよく太鼓持になったそうですから、座敷においては笑いが肝心だったとみえます。確かに、気品のある美人を相手にして、はじめのうちは何を話したらいいかわからないですよね。そんなとき、太鼓持の滑稽さが場を和ませるのでしょう。遊女評判記の挿絵にも、にこにこと人の良さそうな太鼓持の姿がよく描かれています。

大尽客は金銭やお下がりの着物なんかを与えて太鼓持を援助していたそうですが、そうした一環で遊女を買ってやる、ということもありました。七郎左衛門も、初祢の馴染客に宛てがわれてあづまに出会っています。もちろんその代金は、七郎左衛門ではなく、初祢の客が持ちました。

なぜ客がそんな無駄金を、と思われるかもしれませんが、そのような振る舞いをするのが当時は「粋《すい》」（いき。洒落《しゃれ》ている）だったようです。井原西鶴の『好色盛衰記』には、総じて女郎買いは、酒宴の「興」として太鼓持にまで格子女郎くらい買ってやることを何とも思わない、などと書かれています（巻一「夢にも始末かんたん大臣」）。七郎左衛門もそういったおこぼれにあずかったひとりで、自ら高級遊女を買えるような立場ではなかったのかもしれません。

お金持ちでないのであれば、あづまが七郎左衛門に一目惚れしたのは、やはりその容姿だったのでしょうか。しかし、当時の浄瑠璃は現在の文楽の舞台と違い、語りの太夫や伴奏の三味線弾きであっても必ずしも顔をみせる訳ではなく、浄瑠璃役者＝美男揃いという訳でもなかったようです。延宝六年（一六七八）『色道大鏡《しきどうおおかがみ》』にも、浄瑠璃役者は別に器量はよくないとありますし、元禄三年（一六九〇）に書かれた職業図鑑『人倫訓蒙図彙《じんりんきんもうずい》』の挿絵をみても、浄瑠璃役者たちにさほど華やかさはなく、三味線弾きとして描かれている男性は中年の座頭です。

そうすると七郎左衛門のイメージがあまり湧かないのですが……あえて妄想しますと、

美男でもそれを鼻にかけず、三味線に専心する好青年。金持ちの客に気に入られ、せっかく吉原に連れて行くんだからと、ちょっといい黒羽二重《はぶたえ》の羽織なんて仕立ててもらったかもしれません。この頃はまだ鬢《びん》付け油がありませんから、あまり変わった髪型ではなく、一般的な二つ折りの男髷。でも鬢は細めが流行だったので、月代を左右にすっきり剃っていて、凛々《りり》しい横顔がますますよく映えたのかも。初心《うぶ》なのは野暮だと嫌がられますが、あづまはまだ見習いの少女（一二〜一六歳位）ですから、七郎左衛門の若い人らしい手馴れなさにかえって心惹かれ、真剣に恋に燃えあがってしまったのかもしれません。

芭蕉の弟子・其角による評判記

周囲は、七郎左衛門が役者であることをあづまが知らないのではと心配し、別れるようにと忠告までしています。やはり、遊女が役者とかかわることは、あまり好ましくない事柄であったことがみてとれます。

役者と遊女が関係をもつことに否定的なのは、なにもあづまの周囲や『吉原大雑書』

の作者ばかりではありません。いまひとつ別の評判記から、歌舞伎役者と思われる客の話をみてみましょう。

読み解く遊女評判記は、貞享四年（一六八七）の『吉原源氏五十四君』。『吉原大雑書』より十年ほど後に作成されたものなので、もう綱吉の時代です。作者は俳人で蕉門《しょうもん》十哲のひとり、宝井（榎本）其角《きかく》。言葉を操る生業なだけあって洗練された巧みな文章で、好評を博した評判記だったそうです。

注目されるのは、三浦屋の格子女郎、鹿背山《かせやま》の評判です。この鹿背山、随分名高い遊女であったそうですが、作者其角がいうには、とある「ふしだら」な振る舞いでにわかにその名が落ちたとか。そのふしだらな振る舞いというのは、次のとおりです。

さる頃、揚屋清十郎方にて、鹿背山は笠を被って顔を隠す客と会った。（初会は客に対して冷たくすることも多いのに）初めからべたべたとして、その後も人知れず逢瀬《おうせ》を重ねていたらしい。ある日鹿背山が他の客に会っている時、名代《みょうだい》として鹿背山の妹女郎である西尾の君が、その客の相手をすることになった。ただ、良識のある年増《としま》がその客について西尾に忠告したところ、西尾はその忠告を聞き、客に会わずに帰ったらしい。その客のわめく声は、何やら舞台じみて聞こえる。「名古屋山三《なごやさんざ》になった人」じゃないかと、「不破《ふわ》の番左《ばんざ》」に頼まれたので、このことを書く。

現代語訳すると其角の文章の巧みさが消えてしまい残念なのですが、ともかくこの話で大事なのは、鹿背山が会っていた客が「名古屋山三になった人」じゃないか、というところです。さて、この「名古屋山三」とは誰を指すのでしょう？

名古屋山三は、正式には名古屋山三郎《さんざぶろう》。安土桃山時代、出雲の阿国《おくに》とともに歌舞伎を創始したと伝えられる人物です。かくれのない美男子で、武芸はもちろん、遊芸にも通じた伊達男であったとか。歌舞伎の創始にかかわったというのはどうやら史実でないようですが、実在した人物です。

名古屋山三は延宝八年（一六八〇）頃、江戸市村座で初世《しょせい》市川團十郎《だんじゅうろう》が初演したとされる歌舞伎『不破』に登場します。この演目は大当たりし、のちには歌舞伎十八番にもなります。歌舞伎以前には土佐浄瑠璃『名古屋山三郎』（延宝頃初演）でも演じられたので、おそらくこの遊女評判記の頃には歴史上の人物としてよく知られていたんじゃないでしょうか。

これをふまえると「名古屋山三になった人」は、名古屋山三を演じた歌舞伎役者を指しているか、もしくは単に歌舞伎役者の比喩なのかもしれません。いずれにせよ、客の声が「舞台じみて……」ともあるので、歌舞伎役者であったことは間違いないでしょう。浄瑠璃役者の可能性も考えられますが、浄瑠璃は基本語り手が一人ですから、「名古屋山三になった人」と書くのは、ちょっと不自然な感じがします。

そして山三を告発した人物として名があがっている不破の番左は、山三のライバルである不破伴左衛門。物語では山三の友人として登場し、遊女葛城《かつらぎ》を争って山三の父を殺害、親の敵として討たれる役柄です。番左＝恋敵なので、鹿背山の馴染客から山三についての情報があったということでしょう。

山三は笠をかぶって顔を隠すなど用心していたようですが、障子越しに聞こえる声で役者とわかってしまうものなんですね。人気絶頂の鹿背山が初めて会った時から惚れ込んだくらいですから、やはり美男だったんじゃないでしょうか。敵役の番左でなく山三と表現されているあたり、悪人が似合う風貌ではないのでしょう。初演で山三を演じた村山四郎次は濡事《ぬれごと》（男女が交わす甘い愚痴《ぐち》・口説《くぜつ》の演技）なんかが上手いヤサ男だったそうなので、鹿背山の客も物腰が柔らかく、どちらかといえば美しいという印象を受ける男性だったとも考えられます。

歌舞伎役者に惚れてはいけない

この話で非常に興味深いのは、鹿背山の妹女郎、西尾の行動です。

西尾はまだ年若い新造で、鹿背山を姉女郎として日々遊女の作法を学ぶ見習いの身です。妹女郎は着物やらなにやら日常必需品まで姉女郎に面倒をみてもらうのですが、それに対して妹女郎がする大事な仕事のひとつに、「名代」がありました。姉女郎が忙しい時に、姉女郎にかわって客の相手をすることです。

西尾はこの名代として山三に会いにいった訳ですが、「年増」の忠告を受け、結局会わずに帰ったとあります。年増なんてイヤな言葉ですが、遊廓では盛りを過ぎた遊女のことをそう呼びました。時代によって違いますが、一人前になるのが一七歳あたりですので、二十代前半以降の遊女でしょうか。ともかくその年増は、山三について勘づいていた訳ですね。もちろん、山三が役者ということをです。

山三が役者であることを忠告され、西尾が帰った。ということは、役者を客にするのは西尾にとって悪手《あくしゅ》だったんでしょう。鹿背山の評判の続きには、こんな話も付されています。

「江戸町の小太夫《こだゆう》という遊女も、村山の蔵《くら》についての噂がある。これは揚屋の海老屋でのことで、小太夫は客が『名古屋』と聞いて、盃も汚さなかったらしい。これは確かなことだ。鹿背山には、金に惚れたのか、心に惚れたのか、男のよいのに惚れたのか、聞いてみたいものだ」

小太夫という遊女が村山の蔵を振ったということですが、村山の蔵は村山蔵之丞《くらのじょう》という歌舞伎の立役《たちやく》、すなわち一座の中心となる重要な役者だったようです。作者はわざわざ小太夫を引き合いに出し、鹿背山をなじっている訳ですね。どうも他の客たちにとって、役者を客にするというのは相当不快なことだった様子がみてとれます。こうしたことをふまえれば、年増が西尾にした忠告というのはこんなところでしょう。「知らないかもしれないけど、あなたの姉女郎が惚れ込んでる男は歌舞伎役者。名代としてでも会ってしまったら、他の客がうるさくいうかもしれませんよ」。

奔放な姉女郎、思慮ある妹女郎

姉女郎の客を無下にしてでも、冷静な判断をしているあたり、西尾は思慮深い性格だったことがうかがえます。同書では、西尾は「三浦の女郎衆の気風と違い、しとやかで利発。将来繁盛間違いなし！」と太鼓判が押されています。

そういえば、浄瑠璃役者をみて怒って帰った小ふじも、逆に役者に熱をあげてしまったあづまも、三浦屋の抱えです。ちょっと強気な遊女が多いなか、西尾は珍しく、おしとやかなタイプだったのかもしれません。

そんな西尾に対し、姉女郎の鹿背山については、「婆娑羅《ばさら》だから、西尾が似ないか心配だ……」と評判に書かれています。「婆娑羅」といえば中世のばさら大名が有名ですが、派手や奔放《ほんぽう》といった意味で、この言葉を使われている遊女はなかなかいません。鹿背山はほかに、「とても美しく、背が高い」とも書かれていますから、スラッとしてスタイルが良く、堂々とした立ち居振る舞いをする強気な美人、だったんでしょうね。三浦屋らしからぬ性格の西尾に、「おまえは可愛いけど面白みがないね」なんて意地悪を言っていそうです。客が役者であることをいわずに名代をさせようとしましたし、妹女郎に対してあれこれ心配して世話を焼くというタイプではなかったように思います。西尾はそんな奔放な姉女郎に内心ため息をつきながらも、悪態を柔らかくいなし、うまく付き合っていたのでしょう。役者を客にした姉女郎と拒否した妹女郎。対照的です。

役者の社会的位置づけ

これまでみてきたとおり、遊女評判記においては、役者を相手にしなかった小ふじや西尾が褒めそやされる一方、役者に惚れ込んだあづまや鹿背山は厳しい批判を受ける姿が描かれていました。こうした役者をめぐる記述は、なにを背景としているのでしょうか。

一つ、考えなければならないことに、当時の役者の社会的位置づけがあります。
あづまが惚れ込んだ七郎左衛門は遊女評判記に「河原役者」と記されていましたが、

「河原役者」「河原者」とは当時、歌舞伎役者などをいやしんで呼んだ蔑称《べっしょう》です。

もともと中世には、天災や貧困のために非課税地である河原に住み、賤業《せんぎょう》とみなされた雑業に従って生活する、「河原者」と呼ばれるひとびとがいました。近世に入り、その生業の多くはそれぞれ独立の職業となって確立しましたが、そのなかでも芸能に従事していたひとびとが、はじめ河原で興行を行ったため、「河原役者」と呼ばれるようになったといわれています。のちに舞台が河原をはなれても、「河原役者」という言葉は役者をいやしむ言葉として使われ続けました。「河原者」や「河原乞食」、あるいは四民の下の「制外者《にんがいもの》」などといった言葉もまた、役者に対するかつての蔑称です。

現代において俳優や役者は低くない社会的地位を得ているので、役者が蔑視されていたことを、意外に思う方もいるかもしれません。しかし、江戸時代をとおして、歌舞伎役者や浄瑠璃役者の社会的地位は非常に低く、江戸の後ろになっても役者が登楼し遊女に拒まれた話は同じように残っています。

それどころか、明治末から昭和にかけて活躍した初世中村吉右衛門（明治十九年〈一八八六〉～昭和二十九年〈一九五四〉）の頃でさえ、京都・島原遊廓の揚屋で役者は拒否されたといいます（関容子『中村勘三郎楽屋ばなし』文藝春秋、一九八七）。明治以降、新しい時代の要請にあわせ、歌舞伎も浄瑠璃も高尚なものになっていった筈なんですが。

さらにいえば、いまご紹介したような遊女評判記が出版された頃は、浄瑠璃も歌舞伎もまだまだ黎明期《れいめい》です。人気は人気ですが、もっと爆発的な人気が出て千両役者が登場するのはもう少しあとの時代です。そんな時期ですから、「最近役者のやつらは調子づいてるな。河原者のくせに」なんて反発もあったんじゃないかと思います。もちろん、役者と一口にいっても、公儀の御用を勤める能役者と、歌舞伎役者、浄瑠璃役者でもまた大きな違いがありましたが、役者を攻撃するような言葉の背景には、こういった当時の状況があったことは確かです。

役者の蔑視をはじめ、差別はあってはならぬものですが、私たちはそういったことが歴史的に存在したことを認識しておかなければならないでしょう。

ただ、遊女評判記をじっくり読んでいると、役者が客になるのを嫌がられたのは、単に蔑視されていたからなのか？　と首をかしげたくなるような史料もでてきます。

知音（馴染客）の善し悪しの事

好意をもってくれる人に情をかけるのは、遊女として当然のことです。しかし、馴染んではよくない客もいます。それは、

「膈人《かくじん》　役者　くるわの内の者」

です。彼らは、恐ろしい「手くたり」（手管《てくだ》）をたくらむ人たちなので、他の馴染客が伝え聞けば、嫌に思うものです。

これは寛文七年（一六六七）『吉原すずめ』の一節で、「知音《ちいん》」、すなわち馴染客にするべきでない人について、遊女を窘めている記述です。

馴染客にすべきでない人に挙げられているのは、「膈人」「役者」「くるわの内の者」です。「役者」はそのままですが、「膈人」は博奕《ばくち》打ち、「くるわの内の者」は妓楼の亭主や息子、店の若い者といった店側の人間を指します。いずれも一般社会からははずれた人々です。

そのために嫌がられたのかと思いきや、彼らと馴染むべきでない理由としては、恐ろしい「手くたり」（手管）をたくらむ人たちだから、と書かれています。「手管」は吉原

ではふつう遊女が客をたらしこむワザを言いますが、ここでは客が手管をたくらむとあります。具体的に何を指しているのか、よくわかりません。

ここで肝心なのは、「社会的に蔑視されているから他の客が嫌がる」とは書かれていないという点です。吉原における役者を考えるとき、どうも「蔑視されていた」ということだけを頭においていてはいけないようです。

それでは、役者が嫌がられた理由は、他に何があったんでしょう？　恐ろしい手管とは？　この謎を解き明かすには、もう少し吉原のことを知る必要がありそうです。

役者については一旦置いて、その他の嫌がられた客や、少々かわったお客もご紹介しましょう。そして、役者のこともふりかえりながら、吉原におけるお客のあり方を、もう少し考えてみたいと思います。

第四章　モテる客、モテない客

老ぬる「おやぢ」

吉原の当初の客は大藩の大名や大身の旗本など、格式が高く由緒もある「お歴々」の武士たちがほとんどでした。仙台藩主・伊達綱宗《だてつなむね》や姫路藩主・榊原政岑《さかきばらまさみね》の豪遊が有名ですが、大名の吉原通いは珍しくもなかったとか。安価な散茶女郎の登場した寛文以降は、下級の武士や富裕な町人、果ては浪人まで、さまざまな客が吉原へ足を運ぶようになります。逆に、過度な贅沢《ぜいたく》を厳しく禁じた五代将軍徳川綱吉や八代吉宗以降、大身の武士の出入りは難しくなり、巨富を蓄えた御用商人や札差《ふださし》など、財を成した町人が遊廓を賑わせていくこととなりました。

さまざまなひとが足を運ぶなか、歓迎されたのは、高級遊女を買い揚げてどんちゃん騒ぎをしてくれるような、粋で気前の良いお金持ちです。もっとも、お金がなくても、男ぶりが良ければ遊女達には喜ばれたとか。一方で歓迎されないのは、懐が貧しかったり、野暮な振る舞いをする人だったり……。ほかにも嫌がられる要素は枚挙にいとまがありませんが、とりわけ興味深いのは、「おやぢ」と呼ばれた客たちです。

先に「おやぢ」が新造に嫌われるという話をしましたが、『吉原三茶三幅一対《さんちゃさんぷくいっつい》』（延宝九年〈一六八一〉）には、伊勢屋という遊女屋の花代《はなよ》について、こんな評判が書かれています。

顔は丸顔だが、たしかに綺麗な顔立ちで、まさに花のようだ。しかし、お年がふけていらっしゃるので、おやぢは好かない風だろう。

どうも、おやぢは年のいった遊女があまり好みではなかったことがうかがえます。年齢が近いほうが話も弾みやすいんじゃないかと思いますが、求めるところは別にあったんでしょう。新造や遊女に好き嫌いがあったように、お客だっていろいろ選《え》り好みしていたわけですね。

「おやじ」という言葉は現代でも使われますが、厳密な意味を問われても、なかなか答えにくい言葉ではないでしょうか。『日本国語大辞典』には「年取った男を親しみをこめて、また、見くだして呼ぶ語」とありますが、「年を取った」が何歳くらいからをいうのか、はっきりした定義がある訳ではありません。それは江戸時代でも同じですが、もう少し「おやぢ」がどういう存在を指したのか、掘り下げてみましょう。

『吉原つれづれ草』には「おやぢ」の言い換えとして、「老《おい》ぬる客」という言葉がでてきます。老いた客という意味ですね。そう言われると、なんとなく現代の「おやじ」よりも年長の印象を受けます。しかしながら、現代と江戸時代では、その寿命が大きく異なることにも注意が必要です。もちろん、江戸時代だって、現代のように八〇、九〇歳と長生きする人はいましたが、その長短は地域によっても随分異なったようです（氏家幹人『江戸人の老い』草思社、二〇一九）。私が目にした史料では「人生五十年」などと書かれているものもあり、いまからみると随分短命なひとも少なくなかったことが読み取れます。

そのせいか、四〇歳くらいから「おやぢ」といわれたり、甚だしくは「年寄り」「初老」扱いされる場合なんかもあったようです。少し時代は下りますが、『遊婦多数奇《ゆうだすき》』

という史料には、「人は四十の内外《うちそと》（前後）になれば、猶更《なおさら》色深くなるもの也」とあり、甚だしくは、「腎虚《じんきょ》」して死ぬ人も多かったとあります。「腎虚」というのは漢方の病名で、腎水（精液）が涸渇し身体が衰弱すること、すなわち性行為のし過ぎ等でおこる衰弱症を意味します。

現代ではほとんど耳にしないので、「そんなこと本当に起きるのか……?」と疑問に思えてしまいますが、当時の史料に「腎虚」の記述は非常に多く、一般的な病としてとらえられていたことがうかがえます。

遊女に嫌われるわけ

さて、『吉原つれづれ草』には、「おやぢ」が遊女に嫌われることの詳しい説明として、こんなふうに書かれています。

「老いた客は物事に気力が衰え、それでいてくどくどと益のないことを繰り返し言ったり、だらだらとしてのろく、淡白だ」

「おやぢ」を「老いた客」と説明し、その欠点ばかりをあげています。ひどい言いようですが、遊廓関連の史料では、「おやぢ」や老いた客について、似たような書き方がされていることは珍しくありません。こうした説明以外にも、「老人は必ず疑うものだから、その人の想う遊女には近づかない方がいい」（『大通伝』）といった、その疑い深さや嫉妬《しっと》深さを揶揄《やゆ》するような記述などもみられます。

「おやぢ」が客になると、他の客が寄り付かない——そんなことになるのであれば、「おやぢ」が遊女たちから嫌がられたのも頷けます。くどくどしい話をするから嫌だというのも、類推できます。先にふれたように「おやぢ」は見習いの新造の客になる場合が多かったといいますが、新造は、ほとんどが十代。いくら今より成人が早いといったって、そんなに若い女性が、くどい「おやぢ」の話を楽しめる訳がありません。

一方で、「おやぢ」の方は、どうしても若い新造を好む傾向があったようです。少し時代が下りますが、『つづれの錦』（天保七年〈一八三六〉）という洒落本には、「老人はおかた新造を好む」もので、これは若い女性を相手にすると「気が若くなるからだ」なんてことが書かれています。どうして気が若くなるのか、その理由について洒落本の筆者・渡辺崋山《かざん》は、「ナチュールキュンデならでは解し難し」なんて書いています。

「ナチュールキュンデ」というのはオランダ語で、当時窮理学《きゅうり》と訳された学問のことです。つまり、「西洋の学問でなければ解き明かせない不思議だ」と、崋山は洒落をきかせているわけですね。

『色道大鏡』という史料には、年若い見習い遊女の相手をできるのは、ある程度遊び慣れた客だけだとも書かれています。遊廓の醍醐味《だいごみ》は恋の駆け引きを楽しむことですから、それができない見習い遊女はふつうの客にはウケが悪かったのでしょう。それに対し酸いも甘いも知り尽くした手練《てだ》れは、慣れない風の見習い遊女に楽しみを見いだせたらしく、新造はもちろん、もっと幼い禿を好むひともいたとか。『色道大鏡』ではそのことを「愛幼」なんて書いていますが、現代だったら犯罪的な光景です。

妖怪扱いまでされた「座頭」

「おやぢ」と同じく新造に嫌われたというのが「座頭」です。

座頭とは、簡単にいえば、頭を丸めた盲人をいいます。平家物語を語った琵琶《びわ》法師ののちの姿のようなもの——といえばわかりやすいでしょうか。江戸時代には、目の不自由な人たちが所属する「当道座《とうどうざ》」という職能集団が存在しました。その当道仲間に入っている盲人が、通称「座頭」です。細かくいうと、当道座の座頭は「検校《けんぎょう》」「別当《べっとう》」「勾当《こうとう》」「座頭」にランク分けされていましたが、ひっくるめて「座頭」と呼び習わされていました。

その座頭が新造に嫌われる代表的な客として挙げられているのは、なによりまず、遊廓と座頭の関わりが深く、客になる機会が多かったからでしょう。遊女評判記の挿絵を眺めていると、酒宴をおこなっている座敷に、たいてい一人は、目をつむったようにして三味線を弾く、坊主頭の男性が描かれています（【図4】）。それが、座頭です。

座頭の生業はもっぱら琵琶、三味線、按摩《あんま》などでしたから、遊廓では太鼓持として大活躍していたんです。太鼓持となるだけでなく、遊女たちの三味線師匠もたいていは座頭です。そのように遊廓で日銭を稼いだ座頭たちは、その金をまた遊廓に費やし、新造に嫌われることにもなったわけです。

それでは、なぜ座頭は嫌われたのでしょう？

ひとつには、新造の顔や身体をべたべたと触るから、といったことがあったようです。

目が不自由なためやむを得ないことでしたが、なかには必要以上にべたべたと触ってくる下心丸出しの座頭もいて、遊女としてはどうにも耐え難いものがあったとか。しかし、それよりも重要なのは、金払いがよくないということでした。これはもちろん座頭に限った話ではないですが、太鼓持風情の客のしみったれた様に、新造は惨めになるばかりだったといいます。

金持ちでさえあれば、座頭であっても、客として歓迎されることはありました。というのも、『吉原源氏五十四君』（貞享四年〈一六八七〉）には、盲人を客にしたらしい高級遊女・万太夫が「まさかそんな奴を相手にするなんて！　男ぶりの良さにほだされたのか？」なんて批判されるさまが記されているのです。万太夫の所属は京町の三浦屋で、役者の項でも登場した有名なお店です。そんじょそこらの座頭では客としてあげさえしてもらえないでしょうから、訪れた座頭は遊廓で太鼓持をしているような下《した》っ端《ぱ》ではなく、なにかしら地位を得ていたひとだったのでしょう。

とはいえ、万太夫のような例は同時代にはほとんどみられず、この頃、座頭が新造以外を買うのはレアケースだったように思います。ただ、驚くべきことに、さらに時代が

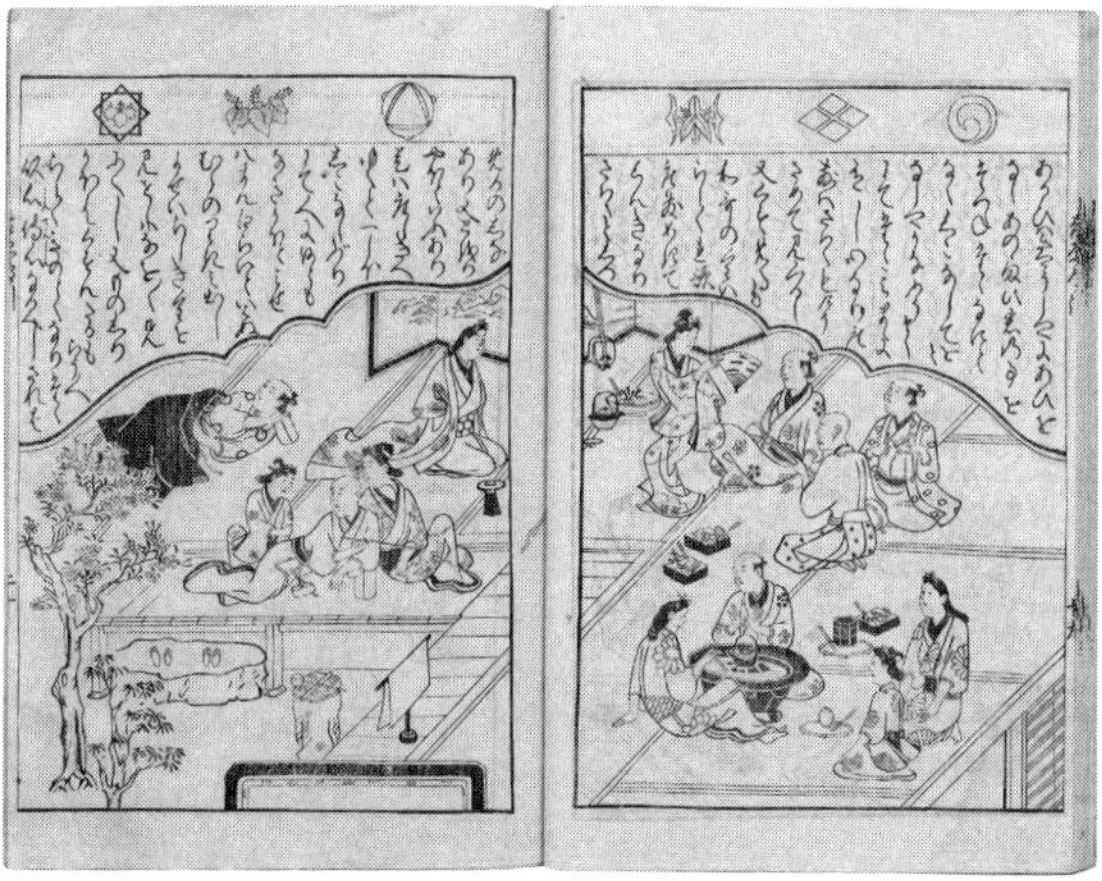

【図4】菱川師宣画『吉原恋の道引』（延宝六年）

下った江戸後期の安永（一七七二～八一）の頃には、大金持ちの座頭たちが吉原につぎつぎと押しかけては高級遊女を買い揚げ、世間を騒がせることになったのです。

　もっぱら太鼓持だった座頭たちのなかに、どうして大金持ちが増えたのか。それはこの頃盲人保護の一環として、幕府が座頭に高利貸（座頭金）を許したからでした。その高利貸の利をもって大いに遊んだ座頭たちは、ほかの客から激しく嫌悪され、その不満を綴った洒落本までも出版されます（安永八年『廓中美人集』）。そこからは、「金払いがよい座頭を客にしてなにが悪い」という遊女たちの姿勢や、その美しさを充分にみることが叶わないにもかかわらず最高級の遊女を買い豪遊する座頭たちに、ほかの客らが鬱憤《うっぷん》を抱えていた様がみてとれます。

この頃座頭は、妖怪画家として有名な鳥山石燕《とりやませきえん》によって妖怪にもされています。『今昔百鬼拾遺《こんじゃくひゃっきしゅうい》』（安永十年〈一七八一〉に載る「大座頭《おおざとう》」がそれで、説明文には、風雨の夜ごとにあらわれ、ぼろぼろの袴《はかま》を穿き、杖をついて、下駄を鳴らして大通りを徘徊《はいかい》するとあります。どこに行くかと問えば「娼家で三味線を弾くのだ」と答えると。そんなふうに描かれてしまうほど、当時座頭の存在はひとびとにインパクトを与えていたのでしょう。

遊廓通・藤本箕山の『色道大鏡』

さて、「おやぢ」や「座頭」といったあまりモテない客をみてきましたが、こうした遊廓のモテる・モテないについて、当時、真剣にその理由を考えていたひとがいました。藤本（畠山）箕山《きざん》という、遊女評判記の作者のなかでもっとも有名な人物です。このひとは、生涯のほとんどを遊廓に捧げたんじゃないかという遊び人であり、かつ相当な奇人でした。ここでは、この箕山がどういった生涯を送ったかをご紹介し、箕山の考えるモテる客をみていきましょう。

とある揚屋の座敷で、客同士がひどい言い争いをしています。なんの言い争いをしているのかと思えば、「遊女の方がいいか、地女《じおんな》（素人）の方がいいか」という、当時としては珍しくもない「色争い」です。しかし、大して遊びを知っているわけでもない二人が言い争っているようで、周りは「聞くに堪えないやりとりだ」と呆れています。すると突然、ひとりの老人が、高笑いをしながら座敷に足を踏み入れました。

この老人、頭は剃髪していて、見た目は還暦は過ぎているだろう「おやぢ」です。ただ、腰骨はしっかりしていて、足取りは確か。それに、笑う歯もしっかりとしていて、くたびれた感はちっともありません。その老人は言い争いをしている二人の前に腰を据え、その言い争いを穏やかに諭します。そして、二人はあっさりと言いくるめられてしまいました。

この老人、どこかで見かけたな――と二人が記憶を辿ってみると、そういえば、さっきまで台所で寝転んでいた老人です。揚屋の台所で寝ている人がいるなんて、客なのか、店の者なのか、はたまた妖怪かと、通りすがったときにはギョッとしたものです。しかし、そのひとこそ、この場をあざやかにおさめてみせた、目の前の老人だったのです。

かなり脚色しましたが、これは洒落本『当世《とうせい》乙女《おとめ》織《おり》』における、素《そ》仙《せん》法師、すなわち藤本箕山の登場場面です。箕山は当時界隈で名を馳せていたため、『当世乙女織』といった小説にもキャラクターとして登場させられたわけですね。

老年には揚屋の台所で寝転んでいたという箕山ですが、その生まれは決して悪くありません。京都の上層町人の御曹司《おんぞうし》で、俳諧や古筆の目利きを教養として嗜《たしな》むような身分でした。若くして父母を亡くしたために早くに家督を継ぎ、一族の期待を担いますが、残念ながら箕山が精を出したのは商売ではなく、遊廓・遊里での放蕩《ほうとう》でした。とりわけ島原遊廓での遊びにとんでもない額を費やした箕山は、親族から勘当を受け、住む場所を追われるほどになってしまったといいます。

箕山がはじめて遊里に足を踏み入れたのは、何歳の頃だったのか。その生涯について精緻《せいち》な研究をおこなった野間光辰《こうしん》氏によれば、なんと一三歳だったといいます。いくら江戸時代の元服が一五歳前後といっても、現代からみると、そんなに幼くしてなぜ、と思ってしまいますね。何歳に家督を継いだのかははっきりしませんが、放蕩が過ぎて勘当されたのは、まだ二一、二歳の頃だったとか。そんな箕山がはじめて遊女評判記を著したのは、三〇歳に至ってからでした。

かつて京都の島原遊廓でお大尽様！　ともてはやされた箕山ですが、執筆した遊女評判記を読むと、勘当された頃には大坂へ居を移し、新町遊廓で太鼓持的存在として生きはじめたらしいことがみえてきます。下にも置かない扱いをされて生きてきた箕山が太鼓持になったのですから、やはりそこには大きな挫折や苦しみがあったに違いありません。

実のところ、箕山のような経緯を辿った遊女評判記の作者は珍しくありませんでした。というのも、作者らは、裕福な家に生まれたものの、遊廓での放蕩が過ぎて破産したり、勘当されたりして太鼓持となり、果ては遊女評判記を書くようになった、と自称する人が少なくないのです。あくまで「自称」ですから、本当にそうだったかはわかりません。

ただ、遊女評判記の作者たちはある程度の教養を備えていたことがみてとれ、彼らの「自称」があながち嘘ではなかったことを物語っています。

そんなふうに同じような境遇の作者が多いなか、箕山がひときわ異彩を放っていたのは、彼が異様なまでの情熱を遊廓・遊里に対してもっていたからにほかなりません。

箕山がいかに生涯をかけて遊廓に情熱を傾けたか。そのことがよくわかる功績として、五〇歳を超えた頃に完成させた『色道大鏡』という、遊廓・遊里について記した大著が挙げられます。一三歳で遊びの世界に足を踏み入れた箕山が長い年月をかけて培った知識や考えが惜しみなく詰め込まれた珠玉の一作で、現在では遊廓・遊里の大百科全書とも称されます。

「色道」という体系立て

『色道大鏡』には、歴代遊女の系譜やその評判といった遊女評判記に類する部分があるほか、辞書のように遊廓特有の言葉を説明したり（女・子どもにもわかるようにと丁寧に振り仮名までふられています）、客の遊び方や遊女の心得が微に入り細に入り書かれていたりと、その内容は多岐に亘ります。

たとえば、客の遊び方については、髪の結い様や鬢《びん》の形、着物、刀や小物入れについて、どういったものが適切かつお洒落であるかが、色や柄の解説つきで説かれています。爪は丸くでなく「直《すぐ》」（直線）に切るべきだといった、当時の風俗がわかるものもあれば、「外面を繕ったとしても、口中《こうちゅう》ケアを欠かす者は色を好むとは言い難い」などと、今に通じるような心得もみられます。遊女に対しても、眉の書き方・化粧の仕方はもちろん、体型に合った帯の締め方まで書かれています。

なかでもすごいのは、箕山が全国各地の遊所に足を運び、その特色や歴史等を書き留めているところです。つまりフィールドワークにもとづく記述であって、もはや好事家による手慰みというレベルにはおさまりません。

『色道大鏡』は、当時の遊廓・遊里や性風俗に関する第一級史料なのです。

さて、この『色道大鏡』のなかでも特に独特なのは、箕山が樹立しようとした「色道」について書かれた巻第五「廿八品《にじゅうはちほん》」です。「色道」、聞き慣れない言葉と思いますが、「道」とついていることからもわかるとおり、「茶道」「香道《こうどう》」などと同様、色ごとの道のことです。箕山は若い頃から「色道」を体系立てることを志していて、同書の巻第五「廿八品」がその集大成でした。

この「廿八品」には、「野暮」から「粋」（ちなみに、箕山の頃はこれを「いき」ではなく「すい」と読みます）となる段階が二十八段階に記されています。たとえば、十四段階目には、周囲で遊女と客が痴話喧嘩をしていたら、わけを聞き、両方の心を和らげ、おかしいことなどを言って大笑いにもっていき、結果的に客と遊女を一層親しみ深くさせるのがこの段階だ、と記されています。痴話喧嘩ではありませんが、『当世乙女織』で箕山があざやかに仲裁してみせたのも、まさにそうした「粋」な行動だった訳です。

もちろん、箕山とて、はじめから「粋」な人だった訳ではありません。彼が三〇歳の頃に書いた遊女評判記『満散利久佐』は、他の評判記と同様にイジワルな記述や皮肉がふんだんに盛り込まれています。そのためか、箕山はある女郎に捕まり、『満散利久佐』に書いたことについて咎められ「尻を抱えて」逃げ帰ったとか。そのうえ、滑稽譚をライバル作者に暴露される始末でした（『美夜古物語』）。そんな苦い経験をしながらも、こりずに太鼓持ともなにともわからない風体で遊廓に入り浸り、ようやく「粋」を体現する人物として描かれる存在にいたった訳ですね。

「野暮」から「粋」の二十八段階

そんな箕山だったからこそ、客と遊女についての洞察は抜きん出たものがあります。なかでも興味深いのは、どんな客が遊女にモテるのか？　についての見解です。

さきにお話しした役者などともかかわってきますので、次に箕山の著した『色道大鏡』巻第五「廿八品」を素材とし、モテる客層について考えてみましょう。

巻第五「廿八品」のなかでモテる客について書かれたのは、二十四段階目です。先述のとおり「野暮」から「粋」にいたる階梯は全二十八段階ですから、かなり真の「粋」に近づいている段階です。

箕山によれば、この段階は、何もせずとも自然に遊女に好かれるという、ふつうの「粋」を越えた状態です。しかし残念ながら、一般の人がこの域に達することは滅多にないとか。それなら、誰であればよかったんでしょう。箕山はこんな風に言っています。

ふつうの客がこの段階に至ることは滅多にありません。多くは遊女屋や揚屋といった郭中の者、ならびに、河原の役者と隅人がこれにつづくものです。

なるほど。どうやら、遊廓内の郭中の者といった遊女屋関係者や役者など、特殊な層がこの段階に至れた訳ですね。しかし、それはなぜなんでしょうか。

まず「郭中の者」について、Q&A形式で書かれている箕山の解説をみていきましょう。

Q　どうして郭中の者がこの段階にいたれるんですか？　確かに遊女のことは見馴れてるでしょうが、実際に金を出して遊んでる買い手の方が遊女の扱いはよくわかってるんじゃないでしょうか？

A　郭中の者に遊女が惚れるのは、遊びが上手いからではありません。付き合っていいことがあるからとか、器量が良いからというのでもないです。ただ郭の者というだけで好むんです。

というのも、遊女は、商売の邪魔になるような、まわりが嫌がることを好むところがあります。たとえば別に惚れてもない客なのに、他の客とか、目付役の遣手に会うのを禁止されたりすると、急にその客が気になりはじめてしまう。そんなだから、郭の者のことはなおさら好きになってしまうんですね。女の本性はひどくねじけている、と兼好《けんこう》法師もいってます。妙なことですが、まったく郭中の者が羨ましい限りです。

つまり、郭の者が客につくと周りは嫌がるが、そうなると遊女はかえって燃え上がってしまい、郭中の者を好きになってしまうんだ、という説明ですね。箕山ならではの面白い分析です。ちなみに最後の「女の本性はねじけている」は兼好法師の名があがっているとおり、『徒然草《つれづれぐさ》』の引用です。失礼な話ですが、当時はよく知られていた一節でした。

郭中の者を相手にすると周りが嫌がる、ということが前提で書かれている訳ですが、たしかに、遊女を抱えている楼主と、抱えられている遊女が付き合っていたりなんかしたら、客は嫌がるに決まってます。史料にはっきり残っている訳ではないのですが、遊廓関係者はそういったトラブルを避けるためか、同じ界隈で遊女を買うことを禁止されていたといいます。

さらに郭中の者の説明からつづき、役者について、箕山はこんな風にも書いています。「役者は郭中の者とは違って遊女に馴れているということもないのですが、これもやはり他人が忌み嫌うところがあるので、遊女が恋慕うんだと思います。それに、役者の類は器量が悪いというのは稀で、髪形や着物などが垢《あか》抜けてないということもありません。女性の好むところが多いのです」

つまり役者も郭中の者と同じく、遊女と付き合っていることが知られると周りが嫌がるわけですね。のみならず、役者は器量が良く垢抜けているために遊女に人気がある、と。この点はまさに遊女評判記からも垣間《かいま》見えたとおりで、やはり役者は遊女にモテていたということがわかります。

廓の者、役者、博徒は特別な存在

さいごに、役者と並んでモテる層にあげられていた「隅人」についての記述もみてみましょう。

「隅人は、遊びが上手という訳でも、器量や身なりが良いわけでもありません。ただ、祝儀を多く渡すなど、ケチなことをいわずに遊女の好きにさせます。そのため自然と遊女が好きになってしまうんです」

すなわち隅人は郭中の者や役者とはまた違い、その見かけなどではなく、太っ腹なところが好まれていたということですね。

少々ややこしいので隅人の説明を後回しにしていましたが、隅人はふつう、隅を偶の誤記と捉え、偶人＝浄瑠璃の人形を操る人形遣いだと解釈されることが多いです。一方、隅人を博徒、つまりは博奕打ちと解釈する立場もあります。たしかに、博徒を意味する「膈人《かくじん》」の膈も、隅と間違って書かれそうな漢字です。

正直なところ、どちらが正しいのか確証はもてませんが、ひとまずここでは、隅人＝博奕打ちと考えておきます。というのも、『色道大鏡』には遊里に独特な用語の説明で「隅人の使っている言葉が由来」と書かれているものがいくつかあるのですが、それらの言葉が賭博に関係しているのです。

仮に、隅人＝博徒とすれば、箕山は、遊廓関係者・役者・博徒が、客などからは忌み嫌われる一方、遊女にはモテた、といっていることになります。この組み合わせ、なにかを思い出さないでしょうか。そう、第三章の最後でとりあげた『吉原すずめ』の記述です。

『吉原すずめ』には、馴染むとよくないのは、膈人・役者・くるわの内の者で、彼らは、「恐ろしい手管」をたくらむ人たちなので、馴染むべきではないとありました。同書は寛文七年（一六六七）に、奥平市六という、吉原に入り浸りその内情をよく知っていた人によって書かれたといいます。対して箕山の著作は延宝六年（一六七八）頃に、上方の遊廓の知見に記されたものです。時代や場所を問わず、廓関係者・役者・博徒が良くも悪くも遊女にとって特別な存在になり得たという事実が浮かび上がってきます。

間夫と遊女の忍び会う恋

ここで、『吉原すずめ』に著されていた、廓関係者・役者・博徒がたくらむ「恐ろしい手管」について改めて考えてみましょう。他の客がいやがる原因になるという「手管」、いったい何を指すのでしょう？

ヒントになりそうなのは、廓関係者・役者・博徒は、ほかの客から嫌がられる一方、やたらと遊女にモテたらしい、という点です。実は、遊廓には遊女に好かれた客しかできない遊び方がありました。ここでいう「手管」は、その遊び方――すなわち「間夫《まぶ》」として「内証」（内緒）に、遊女と忍び会うことを指しているのかもしれません。

今でも妻女が夫の目をぬすんで会う男を間男《まおとこ》なんていいますが、遊廓では遊女が真実に想うひとを、「真夫《まぶ》」や「間夫《まぶ》」、「深間《ふかま》」などと呼んでいました。遊女評判記の作者たちはこうした間夫の話に耳ざとく、少しでも間夫の噂があれば、鬼の首をとったかのように書き散らすのが常でした。立場を替えてみると、「間夫が無ければ女郎は闇」なんて台詞が歌舞伎「助六」にもあるように、辛い生活を送る遊女にとって、間夫はなくてはならない心の励みだったといいます。『吉原草摺引《よしわらくさずりびき》』には、その間夫をめぐる事件として、こんな噂話が書かれています。

あるとき、三浦屋の格子女郎・西尾は馴染みの客に呼ばれ、和泉屋という揚屋でひと時を過ごしていました。しかし、夜になると西尾はその客の隙をうかがい、和泉屋を裸足《はだし》で抜け出してしまいます。向かうは、通りの斜向かいにある藤屋という揚屋です。その夜は大雨だったにもかかわらず、西尾がそんなことをしたのは、藤屋に愛しの間夫がいたからでした。

ようやく叶った間夫との逢瀬――しかし西尾と間夫がその感慨に浸る間もなく、「西尾はいぬか」という怒鳴り声と「いや、ございませぬ」という若い者の応酬《おうしゅう》が耳に入ってきます。そう、和泉屋に置いてきたはずの馴染客が、西尾の不在に気付き、藤屋に押し込んできてしまったのです。

西尾を必死の形相で探す馴染客は、刀の鍔際《つばぎわ》をゆるくし、すぐに刀を抜き放てるようにしながら座敷に乗り込んできてしまいます。その姿をみた間夫は恐ろしくなり、どうにか西尾を隠さねばと焦りますが、座敷を見渡しても人を隠せる場所はありません。慌てていると事情を察した揚屋の女将が機転を利かせ、「夕の大一座の騒ぎに蚊《か》がはいった」と呟き、店の者と蚊帳を振るう真似をして、その中に西尾を隠してくれました。おかげで間夫はかろうじて命が助かり、その夜は無事に明けたといいます。

想像するだけで血の気が引くような話ですが、当時どんな風に間夫と遊女が忍び会いをしていたかがよくわかります。

もし遊女に自由に振る舞える時間があれば、間夫とはその間に密会したでしょう。しかし、借金のカタに売られた遊女たちに、そんな自由はありません。お目付役の遣手も目を光らせていますから、その目を逃れるには、誰かに買われている間に想い人に会うしかなかった訳です。危うく刃傷沙汰になるところを冷静に揚屋の女将がいなしているあたり、こういったハプニングは珍しくもなかったんだと思います。

ここで登場した「西尾」は先に『吉原源氏五十四君』にもでてきた名前です。姉女郎に比べて真面目だったあの西尾ですが、この『草摺引』は『五十四君』から七年ほど後に出版されたものなので、心身ともにたくましくなっていたのかもしれませんね。

西尾に惚れ込み、刀をもって座敷に乗り込んだ野暮な客は、おそらく武士です。西尾がいないことに気づき、揚屋を一軒一軒、刀を携え虱《しらみ》潰しに探していたんでしょうか。そうだったら恐ろしい執念ですが、おそらく前々から西尾の行動を不審に思い、噂話などを頼りに藤屋にあたりをつけていたんじゃないかと思います。

はたして西尾の間夫は誰だったのか。その詳しいところはわかりませんが、藤屋の店の者であったのは確かです。機転を利かせ庇ってくれた女性を「揚屋の女将」と訳しましたが、原文は「はゝ」（母）とあり、そのままの意味でとれば、間夫は揚屋の主人夫婦の息子だったのかも……なんて想像も働きます。

店関係者の場合、自由のききやすい楼主や、揚屋の息子がとくに間夫になることが多かったようですが（『吉原すずめ』）、同じ店の「若い者」と恋仲になったという評判もみられます（『吉原歌仙』）。

いくら遊女であろうと、常日頃顔を合わせる身近な存在と深い仲になるなという方が無理な話です。しかし、そうした間夫の存在が発覚した場合、遊女たちはひどい折檻《せっかん》を受けました。たとえば、三浦屋の太夫・薄雲は「お町のまぶ」（吉原関係者の間夫）がいることが発覚し、正月早々に楼主に面を叩かれ、勤めもできないほどの顔になってしまったとか（『吉原大雑書』）。さらにその事件の後、初対面の客が薄雲を呼んだところ、すぐに客のもとへ駆けつけるという、太夫として「軽々しい」行動をしたといいます。間夫の噂が流れて、それまでの客が離れてしまったのかもしれません。

遊女たちは、本当に相手を好きになると「このひとにお金を使わせたくない」という気持ちになったそうです。そのため、心を通わせた馴染客が破産しないように陰で会い、大事な日だけお客さんとして来てもらうということもままあったとか。ほかに、遊女の方が一方的に惚れ込んでしまったような、お金はないけど男前な太鼓持なんかも忍び会いの対象でした。

第三章に登場した、見習いあづまが惚れ込んだ太鼓持の七郎左衛門を覚えているでしょうか。彼は決してお金持ちではなさそうですし、周りがとめても関係が続いていました。正規の客として会っていたのでなく、隙を見て忍び会っていたんでしょう。井原西鶴の小説『嵐は無常物語』にも、「若い役者を太鼓持にして女郎を買うのは、猫に鰹節《かつおぶし》、鼠《ねずみ》に餅で、闇にまぎれて食われるものだといったのに」などという一文がみられます。役者などのモテるひとたちが、いかに遊女とつねづね忍び会っていたかがうかがえます。

「モテない客」たちの嘆き

大金を投じて遊女に会いにきている客からしてみれば、その間に抜け出して誰かと会うなんて、とんでもない話です。こんな風にみてみると、『吉原すずめ』のいう「おそろしい手管」の意味が、なんとなくみえてきたんじゃないでしょうか。

廓関係者や役者は、とにかく遊女にモテる。理由はさまざまだけどモテる。やがて、客の目を盗んで抜け出させるほど、遊女を夢中にさせてしまう。ふつうの客には到底できない芸当です。それこそが、周りの客が嫌がり、恐れる「手管」だったように思います。

役者と同じく、遊廓関係者や博徒も、当時は蔑まれた人たちです。彼らが周囲の客に嫌がられた理由の一つに、そうした身分的な理由があったのは間違いありません。高い金を出して買う遊女を、卑賤な輩《やから》と共有したくない。そもそもそういう輩が遊女を買うなんて「身分不相応だ!」という気持ちがうまれるのは、当時の身分制社会にあっては避けられないことだったかもしれません。

それにくわえ、やたらと遊女にモテて、しかも忍び会ってタダで遊んでいる。ほかの客からしてみれば、嫉妬の怨嗟《えんさ》が渦巻くのは当然です。

もちろん、自ら太鼓持の役者を遊女にあてがうような金持ち客もいましたから、誰もが役者等に対してそうした嫉妬を抱えていたとはいいません。しかし、遊女にはモテないし、お金もない。そういう人たちは、金持ちでもないのに何故かモテる層を、激しく拒絶した訳です。

間夫や役者、その相手をする遊女への痛烈な批判が記された遊女評判記からは、作者の意地悪さをまざまざと感じます。同時にそうした記述には、モテない客たちを慮《おもんぱか》る意味を含ませていたのかもしれません。

第五章　遊廓と遊女の闇

大坂新町の「心中」事件

さて、前章ではお客さんに注目し、モテるモテないといった、客の苦悩をめぐるお話をしてきました。本章からは、遊廓で生きたひとびと――とりわけ、遊女や遊廓関係者に視線をうつし、彼／彼女らが日々をどう過ごしたのか、その一端をご紹介したいと思います。

まずは、遊廓の《影》ともいえるような、悲しく陰鬱な部分に、スポットライトをあてていきましょう。

江戸時代の遊廓、遊女。そういった言葉から、「心中」という悲しい死を真っ先に頭に浮かべる方も多いのではないでしょうか。『色道大鏡』には、客と「心中」しようとした遊女の話が種々記されています。少し長くなりますが、そのなかの一つの話をご紹介しましょう。

大坂新町遊廓の野間屋抱えの春夜《しゅんや》。位は天職《てんしょく》、上方では第二位の高位な遊女です。幼い頃に母をなくし、父は存命でしたが、家は貧しく、春夜は遊廓に身を売られることとなりました。親子ばらばらでも、互いになんとか生きていければ……春夜はそういう思いで、身売りの覚悟を決めたのかも知れません。

しかし、残念なことに、春夜の父は不品行で、非常にだらしがないひとでした。春夜の身代金を、あっという間に遣い果たしてしまったのです。『色道大鏡』には、身売りの額として百両との記載もみられますが、そこまでいかずとも、三、四十両程はしたでしょう。江戸初期の一両は、現代の額で約十万円といわれます。そんな大金を早々に遣い果たすなんて、きっと博奕などに手を染めていたんでしょう。娘を売って父親がすることではありませんが、どうしようもない春夜の父は野間屋にたびたび訪れ、無心をするようになりました。あまりのことに春夜は嘆きますが、父のためなら仕方がないと、なんと年季を延ばすことまで決意します。

さすがに年季を延ばせば、父も自分の身体を労ってくれるはず……そう考えていたであろう春夜ですが、その後も父の無心は続きます。驚き呆れた春夜は、「もうお店に入ってこないでほしい。用事があるなら格子越しに聞きます」と伝えます。

遊女は張見世《はりみせ》と呼ばれる、通りに面し、格子をめぐらした部屋にならんで客を待ちます。客たちは格子越しに遊女を見立てるのですが、父にも客らと同じように、格子越しに話してくれとお願いしたわけです。しかし遊女は常に張見世にいるのではなく、客がつけば引っ込みますし、父が来ていることが分かれば張見世に出ないこともできたはずです。つまり、格子の前と言っておけば、待ちぼうけになり、父も諦めて帰るだろうという算段だったように思います。

しかし、またもや春夜の思惑ははずれます。なんと春夜の父は、朝も夕も懲《こ》りずに格子の前に立ち続けるようになったのです。それも、たいそう見苦しい格好で。やがて「あれが春夜の父親だそうだ……」と周りにも知れ渡ってしまい、春夜は恥じ入るばかり。しかし肝心の父は周囲の視線にも頓着《とんちゃく》せず待ち続け、春夜を見つけると大声で罵《ののし》りさえしたとか。

どう考えても、父親の不品行は、春夜の罪ではありません。しかし春夜は、「自分の身が不祥であるばかりに、親さえ救うことができず、ともに恥をさらしている。父の心を喜ばせることができなければ、親不孝の罪を逃れることはできない。こんなふうになってしまっては、もう廓で生きていくよすがもない」と、どんどん思い詰めていってしまいます。

そんなとき、ふと頭に浮かんだのは、野間屋に出入りしている、ある男です。客ではない男と書かれているので、太鼓持かなにかだったのかもしれません。その男は前々から春夜に言い寄っていましたが、これまで春夜の心が動くことはありませんでした。しかし、この時にいたって脳裏に浮かんだその男に、春夜は「心ざしを一命にかけて誓わせよう」と考えます。やがてかの男が訪れ、春夜は覚悟を決めていたとおり心の内を語り、男と約束をとりつけました。

定めた日は、承応元年（一六五二）九月二十五日。二十五日を選んだのは、浄土宗の開祖・法然《ほうねん》の忌日にあやかってのことでした。春夜は百八の数珠《じゅず》を懐《ふところ》にいれ、昼から京屋という揚屋でかの男を待ちます。夕方になってようやく、男が客として京屋を訪れました。ちょうどその頃から揚屋でも腰の物（刀）を改めるようになっていたため、男はダミーとして一本を揚屋に渡し、鍔を外した刀を一本そっと懐に忍ばせ、春夜の待つ奥の間に向かいます。

ようやく顔を合わせた二人。しばらく雑談をしたのち、こっそりと今生《こんじょう》の暇乞《いとまご》いをします。まずは男が、春夜を手にかけました。次は、男の番。自分で腹を切り破ったのち、喉をかき切ります。しかし、どうしたことか、男はすぐに死ぬことができません。やがて男はつよい喉の渇きにかられ、思わず禿を呼んでしまいます。そして、二人のしでかしたことが発覚したのです。

一命をとりとめた男は、役人の調べに対し、「まったく遺恨はない。女の頼む一言を捨て置けず、こうしたのだ」と述べたといいます。そして男は当時の法にてらされ、梟《きょう》首《しゅ》――すなわち、斬罪に処したうえで、その首を木にかけて晒《さら》すという死刑に決まります。

かの男の首は、二人が心中を試みた揚屋の門前にしばらく吊るされていたそうです。

馬鹿な男と「渡りに船」の情死

春夜の家庭環境、心中を決心する経緯、春夜と男が死に至るまで。当時の情景が目に浮かぶような、詳細な記述です。喉が渇いて思わず助けを呼んでしまった。男が出血性ショックで脱水状態に陥ったという、リアルな情景が目に浮かびます。

しかし、この話を読んでも、なかには、「思っていた心中と違う……」と思われる方もいるのではないでしょうか。江戸期の心中といえば、激しい恋愛の果てに結ばれないのを苦に思い、来世に願いをかけて心中する、というイメージが強いように思います。その点、この二人は恋の果てに死を選んだわけではありません。男が春夜の願いに応じ、「遺恨はない」と言い切ったのも、不思議なくらいです。が、こんな恋の果てとは言い難い情死の方が、当時はむしろ一般的だったようです。

春夜の心中を詳述した『色道大鏡』の著者・藤本箕山は、「ともに死ぬのが至極ではないのか」という問いかけに対し、情死は「卑しい者と愚かな者がすることだ」と断じています。箕山は、そもそも情死をくわだてる男は大抵悪事をしたり、金銀を遣い果たして、どうしようもなくなって遊女に心中を持ちかけるもので、それに応じる遊女も、多くは下級遊女だと言い切ります。

彼女たちは貧しく、わずかな願いさえ叶わない日々を送り、親族がいない者は故郷を偲ぶことさえできません。そうして命を惜しむこともなく月日が過ぎていくなか、どうにも生き難くなった馬鹿な男から、想い入れたふりで誘われると、渡りに船とばかりに死を選んでしまう、と。

そうはいっても大坂では雲井という太夫も客と死んだそうじゃないか、という反論に対して、箕山は「優美な女であったから、雲井を賞賛するために心中ずくのようにいって、小唄にもしたのだ」とその裏側を語っています。「想い合って遂げた心中」ともてはやされた話のなかには、本当は男に殺されたケースも含まれていた訳ですね。

春夜の例からも垣間見られるとおり、心中の多くはその背景に貧困の問題があり、決して恋慕にまつわる美談ばかりではありません。しかし、とりわけ江戸時代中期の元禄以降、心中は近松門左衛門などの戯曲により著しく美化され、当時の男女がこれを賛美する傾向さえ生じました。すなわち、遊女と客のみならず、多くの男女の間で心中ブームが巻き起こったのです。

それに歯止めをかけたのが、八代将軍・徳川吉宗です。吉宗はこの風潮を是正するために「心中」という言葉を禁じ、情死を「相対死《あいたいじに》」という言葉に変え、厳しく禁じる法令を享保七年（一七二二）に出しました。

現代にも残っている美しい心中のイメージはこの心中ブーム以後のものでしょう。しかし、蓋を開けてみれば到底美談とは言い難い……そんな心中も、実は数多くあったのだと思います。

評判記作者の指切り介錯

さて、「心中」に頁を割いてきましたが、そもそも「心中」とは、なにを意味する言葉かご存知でしょうか。

もともと心中は、「真にあなたを想っている」ことを相手に示す行為を意味します。まさに、自分の「心の中」を相手に証明してみせる行為というわけです。とりわけ遊廓や遊里でおこなわれ、一緒に死ぬというだけでなく、放爪《ほうそう》（爪を剝ぐこと）・指切り・断髪・入墨《いれずみ》・誓詞《せいし》など、さまざまなバリエーションがありました。

興味深いことに、『色道大鏡』の箕山は、遊女の「第一の心中」は情死でなく、「指切り」が「最上」だと断じています。次に、この指切りにまつわる話をいくつかみていきましょう。

指切りに関して、遊女評判記を書いた作者のなかに、非常に興味深いひとがいます。その名も、今宮烏《いまみやがらす》。このひとのなにが面白いかといいますと、なんとこの今宮烏、元々は妓楼で働く妓夫《ぎゅう》（下男）で、しかも遊女の心中を介錯《かいしゃく》したと吐露しているのです。すなわち、次のとおり。

私もその昔、遊女を転がして、爪を剥いだ。指を切らせる太刀取り（介錯人）にもなり、大変な場面にたびたび立ち合った。けれど、心中したからといって思いを遂げた遊女と客は少ないものだ（『吉原人たばね』）。

爪を剝ぐとか、指を切るとか、物騒な言葉が並んでいますが、これは今宮烏がかつて自分は遊女の心中の介錯をしたという体験を語っている部分です。

指切りは、小指を切って相手にあげることです。遊女から贈る場合もあれば、客から贈る場合もあり、もらったほうは大事に袱紗《ふくさ》に包んで身につけたとか。「指切りげんまん」はこうした心中立てに由来するともいわれます。

当時は切断された指をもらうと「そんなに自分のことを想ってくれてるなんて」と想いが深まったようですが……現代だったら指なんて贈られても喜ぶどころではありません。ずいぶんと感覚が違います。

ただし、江戸時代においても、「指切りをさせる男なんてろくなもんじゃない」と主張する者もいました。遊びに精通した客は指切りなんてさせない、という記述もみられます。当然、指を切るのを嫌がった遊女もいて、死人の小指をあげることもあったとか。遊女だけでなく、お客からもらった指が実は死人のものだった、なんて話もみられます（『吉原大雑書』初音）。

驚くべきことに、遊女評判記には、高級遊女であってもしばしば指を切っていた様子がみられます。心中を遊女に許すかどうかは主人によっても方針が違ったようですが、江戸中期頃までの吉原では、よくある話だったようです。箕山が「最上」というように、それに憧れ求める客や遊女が多かったのでしょう。

とはいえ、指を切るという行為自体が簡単だった訳ではありません。『色道大鏡』には指を切るにあたり、「あらかじめ介錯人や気付け薬、血止め、指を包む紙などを用意すること」、「指を切り放つと指が遠くに飛んでいってしまうため、見失わないよう障子をしめること」、そして「十人に九人の遊女は必ず気を失う」……なんて恐ろしいことが事細かに書かれています。読んでいるだけで気が遠くなってきますが、評判記作者の今宮烏はかつてそんな壮絶な場面にたびたび立ち合っていた訳ですね。

指切りの介錯人は誰の役目だったのか。なんと遊女同士で介錯することもあったようですが、評判記作者の今宮烏がそうであったように、遊女屋や揚屋で働く若い者や妓夫＝下男もしたようです。

店の若い者や妓夫の仕事は、事務や経理といった支配人格のものから、飲食物の用意、客の呼込み、勘定の取り立て、寝具の始末、掃除といった雑用までさまざまでした。そして指切りにも必要があれば立ち合います。おそらく今宮烏も普段は座敷で雑務なんかをしつつ、ときに指切りの介錯に携わっていたのでしょう。

ちなみに、指を切った遊女は人気が落ちてしまう場合もあったらしく、「御小指なきゆえ、流行りたまわぬかもしれず」（『吉原大雑書』藤岡）といった記述もみられます。指を切っても遊女の位が落ちるわけではありませんが、そこまで想う相手がいるということに加え、やはり身体の欠損が客を遠ざける要因となったようです。指切りはよくある心中の手段ではありましたが、実行するか否かは楼主などにも相談し、よくよく考えねばならないことでした。

遊廓経営者のルーツ

さて、今宮烏という妓夫の存在にふれましたが、そもそも妓夫というのは、誰が勤めるものだったのでしょう。もっといえば、本書でもたびたび注目してきた遊廓関係者は、どういうルーツをもつひとびとだったのでしょうか？　少し、遊女の周囲のひとびとにも目を向けてみたいと思います。

これまでもちょこちょこ登場してきた通り、揚屋や遊女屋にはその主人・女将がいて、その下には妓夫（下男）や下女、遊女の目付役である遣手など、さまざまなひとが属していました。しかし、彼らがどうして遊廓で生きることになったのか、その経緯については定かにされていない場合がほとんどです。

吉原の設置を願い出たとされる庄司甚右衛門というひとは、もともと小田原北条家の武士で、浪人から遊女屋になったという話が残っています。京都の島原遊廓の前身である二条柳町も、豊臣秀吉の時代に、浪人によって作られたといわれます。京・江戸とも元武士が関係したというわけですが、いずれも伝説じみていて、本当のところはわかりません。ほかに、吉原の町名に「堺町」「伏見町」があって、それは堺や伏見の出身の遊女屋が多かったからともいいます。いずれにせよもともとの住民というよりは、開府にともなって集まってきた人々が遊女屋を営み始めたという話になっています。

このように遊廓を営んだひとのルーツについては不明確な点が多いですが、ひとつはっきりしているのは、遊女屋を営むひとたちは、当時の身分制社会において非常に卑しめられていたということです。

江戸の初期、長崎出島のオランダ商館長フレデリック・コイエットは、『長崎オランダ商館の日記』の中で、遊女屋は社会においてもっとも賤しめられている存在だと言っています。自由に出島から出られないオランダ商館長の見解ですから、どれほど正確な説明かはわかりませんが、遊女屋が随分と嫌がられていたらしいことはうかがえます。

もう少し時代のくだった『町人嚢《ちょうにんぶくろ》』（享保四年〈一七一九〉）という史料にも、似たようなことが書かれています。作者は西川如見《にしかわじょけん》という、江戸時代中期の天文学者です。

「公認の遊女町はもともと人の妻を誑《たぶら》かしたりする不作法な人のため、やむをえず置かれたもので、これを渡世（仕事）とするものをも万人いやしむ。そのため、遊女屋などが四民の内に交わることはできない」

四民、すなわち士農工商の内に交わることができないということで、ほとんど賤民として捉えられていたんだという見解です。

遊廓は売春の許された特異な地区ではありますが、町名主《まちなぬし》や年寄もいれば、五人組も設けられている、ひとつの町です。「遊女屋は四民の下だ」と規定する明確な法規もありません。しかし、世間の感覚的には、遊女屋は卑しい人間だったのです。吉原は幕府公認の地でありながら、そこに住む遊女屋の地位は認められていなかった訳ですね。

当時、遊女屋の主人は、「亡八《ぼうはち》」とも呼ばれました。中国由来の言葉だそうで、仁義礼智忠信孝悌の八つの道徳を失った者だといいます。遊女屋が吉原外に住もうとしたら、お上《かみ》からお叱りを受けた、なんて話も残っています。

そんなふうに「ロクな職業じゃない」といやしまれていた遊女屋たち。しかし、遊女屋が卑しめられるのは、あくまで遊廓の外に出たら、です。世間的に卑しめられながらも、遊廓においては不問とされたのは言うまでもありません。そして、その遊女屋たちが買い育てた遊女たちが名妓として名を馳せ、江戸中の注目を集める魅力的な存在にもなっていく。なんともいびつな構造です。

評判記作者の筆力と教養

遊女屋に雇われていた妓夫（下男）は、具体的にどんな人々だったのでしょう。残念ながら、関心がそこまで向かなかったのか、当時の史料には、妓夫に注目する記述はほとんどみられません。しかし、もともと妓夫だったという今宮烏と、他の評判記作者を比較すると、ひとつ、興味深いことが浮かび上がってきます。それは、筆力が目に見えて違うことです。

日本は江戸時代の頃から、庶民も含め、「識字率」が非常に高かったといわれていますが、当然ながら、読み書きさえできれば素敵な文章が書けるわけではありません。遊女評判記は端的にいえば遊女のレビューですが、売り物にするために、やはり読んで楽しいものに昇華させる必要がありました。

多くの評判記作者は、それに成功していると言っていいでしょう。しかし、今宮烏は良い評判記を書こうという熱意こそあったものの、残念ながらその熱意は、人気にはつながりませんでした。

人気が出なかった理由のひとつに、今宮烏の文章の拙さがあったのではないかと思います。

もともと遊女評判記は仮名草子といって、ほとんどが平仮名で書かれています。しかも、江戸時代は濁点を付さない場合が多く、そのうえ読点（、）や句点（。）もなかったりと、現代人にとってはかなり読み難いものです。それでも文章がきちんとしていれば読めますが、この今宮烏の文章には、何をいっているのかよくわからない所が多々あります。遊女評判記を詳細に読み解き研究した国文学者の小野晋《すすむ》氏も「今宮烏の評判記は解読に困難なところがある」と言っています。つまりは「文章が下手だ」ということです。

一方、とりわけ文章に長けた評判記作者として、宝井其角がいます。彼は松尾芭蕉《ばしょう》の弟子のなかでも特に優れた一人で、客に請われて書いたらしい『吉原源氏五十四君』は、廓内で大評判だったとか。そうした著名人でなくとも、元富裕層で、高級遊女を買える身分だったと自称する作者は少なくありません。彼らはそれまで培ってきた文学的教養を素地にしたであろう、読み物として成立した評判記を執筆しています。

それに対して妓夫だった今宮烏は、どうにも文章が悪く、読みにくい。そういうところから、今宮烏はもともとあまり文章を書く機会も読む機会もないような層の出身だったことがみえてきます。

妓夫のなかにはやはり遊廓関係者の子どももいたようですが、『讃嘲記時之大鼓《さんちょうきときのたいこ》』の作者、吹上氏《ふきあげうじ》かわずのすけ安方《やすかた》と名乗るひとは、かつて揚屋町で二、三年奉公していた経験があり、いまは青物屋（八百屋）だけど、香の物（漬物）を吉原に売りに行ったりして見聞きすることがあるから評判記を書く……と自称しています。おそらく、もともと江戸住まいの町人などが奉公勤めで来ていたんじゃないでしょうか。

遊女についても周辺地域からの「雇禿」が多かったという話もありましたから、妓夫にも遊廓育ち以外の人々はかなり含まれていたことでしょう。少ない時期でも三千人の遊女を抱える吉原の経営が、遊廓関係者の子どもだけで回るはずがありません。あまり外聞のよろしくない奉公先ですから、食うに困った農民や町人など、読書をする機会に恵まれない、貧しい層が多かったことが想像されます。

このように同じ評判記の作者同士であっても、そのリテラシーには大きな違いがありました。そのことからは、吉原に生きる人々の雑多さ、多様さがうかがいしれます。

エネルギッシュな批判の応酬

遊女屋が世間的に卑しまれていて、妓夫は貧しい層などといいますと、「まっとうな身分である武士などは、遊廓と関係なかったんだろう」と思われてしまうかもしれません。しかし、吉原等の設置を願ったのが浪人だったといわれるだけでなく、評判記作者のなかには、元武士である浪人らしきひとの存在も確認できます。とりわけ下層の武士は、派手な遊びはしなくとも、どの時代においても遊廓の主要な客だったといわれています。零落《れいらく》して作者になったひとがいても、おかしくはないでしょう。

たとえば、そのひとりに、当時吉原遊廓で名を馳せていた都鳥《みやこどり》と名乗る作者がいます。実は、先述した今宮鳥の師匠的存在でもありました。詳しいことはわかりませんが、他の作者に「ろうにん（浪人）」と書かれていて、武士身分ながら遊びに身を滅ぼしたのかもしれません。

わかっているだけで五つほど遊女評判記を手がけていますが、名前を変えて執筆もしているので、実際にはもっと多作だったように思います。「不中共御推氏《もうさずともごすいし》」などという「言わなくても作者は都鳥だってわかるでしょ」という嫌味な名前も名乗っていますし、「凡夫《ぼんぷ》千人の目よりも、都鳥ひとりの目の方がはるか上だろう」なんて大口も叩いていて、数多い作者のなかでも性格の悪さが際立っているのがこの都鳥です。

この尊大な態度がどこからきていたのか。それは、彼が浪人であるというよりは、どうもその後ろに強力なパトロンがいたことと関係するようです。なんと、都鳥は当時吉原の中でも大きな遊女屋の山本屋（京町二丁目）と「縁故」があったとか。そのため、他の作者からは、山本屋の遊女にばかり批評が甘いと批判されています。

作者たちは遊廓内で腫れ物扱いされる場合もありましたが、都鳥のように特定の遊女屋に囲われ、利用される作者もいた訳ですね。作者が揚屋の裏などを借りて評判記を執筆していたことは先に述べましたが、特定の店を贔屓《ひいき》するかわりに、情報提供はもちろん、遊女屋や揚屋に寝食の便宜をはかってもらっていたんでしょう。

そんな背景があってか、都鳥は、山本屋のライバル店であった三浦屋の遊女についてはかなり意地悪な批評をしています。たとえば、『吉原大豆俵評判《よしわらまめだわらひょうばん》』（天和三年〈一六八三〉）では、最高位の太夫・薄雲に対して「太夫を汚す身」と馬鹿にしてみたり、他の遊女たちに対しても「物言いが卑しい」「色が黒く、大黒天の三番目の娘かと思う」なんて失礼な物言いです。そのため、とりわけ三浦屋の小紫と険悪な仲になり、ある時は「あなたの遊女評判記は文章の作法もなってなくて読みにくいし、いやしい噂話ばかり！」と叱られたといいます。三浦屋の遊女二、三人に囲まれ責められることもあったとか。いずれもほかの作者から暴露されている（時に挿絵まで付されている）のが面白いところです。

こんな風に書くと、「遊女評判記というのは贔屓ばかりでまったく信用ならないものじゃないか」と思うかもしれませんが、こうした好き勝手な批評を紙し不公平を暴いたのは、やはり評判記の作者たちでした。彼らはライバル作者のアラを探し出しては攻撃し、自分の批評こそが正しいと主張します。それをまた、批判された作者が、お前こそ偏ってるじゃないかと批判するわけです。もとの生業など無関係におこなわれるその大人げない応酬が、現代に生きる私達に、当時遊廓に生きたひとびとの息遣いを伝えてくれています。

「大門を出る病人は百一つ」

吉原に生きた人々と、廓外の人々のつながり——その解明はまだまだ途上ですが、周辺地域とのかかわりでいえば、興味深い点として、遊女屋の主人が廓外に別荘をもっていたことが挙げられます。遊女屋が市中に住もうとして叱責《しっせき》を受けたなんて話もしましたが、吉原周辺に別荘を持つことは許されていたわけです。

どうして遊女屋は別荘をもっていたのか？　その理由の一つとして、遊女の療養があります。吉原の遊女は廓外にでることを厳しく禁じられていましたが、病気の場合は例外的に、廓外に出ることが許されたのです。そして、今戸《いまど》・山谷《さんや》・箕輪《みのわ》といった吉原周辺にある「寮」と称された楼主の別荘へ出され、新造や禿といった妹女郎をつけ、快復に努めたといいます。

江戸時代の遊女の病としては、やはり梅毒が有名でしょう。遊女が梅毒で床につくことを、当時は「鳥屋《とや》につく」といいました。語源は諸説ありますが、梅毒で毛の抜けていくさまを、鳥が換毛するのに見立てたともいわれます。そして遊女が鳥屋につくと、楼主の別荘での療養が許された訳です。

とはいえ、「大門を出る病人は百一つ」（吉原の大門から出られる病人は百人に一人）という言葉があったように、遊女の位が低かったり、快復の見込みがない場合、そうした待遇をうけることはできません。楼内に病室として設けられた薄暗い一室に押し込められ、いちおう医者にはみてもらえたそうですが、ほとんど看病はされず、食物も満足に与えられなかったといいます。

遊女が死去すると、江戸に遊女の親がいるときは引き渡しますが、親元が遠国のときは、粗末な棺桶に入れられ、投げ込み寺としてよく知られる三輪の浄閑寺や、日本堤沿いにあった西方寺に葬られました。といっても、筵《むしろ》に素巻きにされて投げ捨てられ、戒名さえつけてもらえないことも珍しくはなかったようです。

「不治の病」梅毒の蔓延

『吉原失墜』という史料には、そもそも「遊女はたいてい一四、五歳から二二、三歳までに、年季が明けたり、身請けされたりするが、多くは死んでしまう」とあります。まず生き延びることができるかわからないという、厳しい現実があったことがみてとれます。

どうして遊女たちは次々と命を落としていったのか。はっきりした統計が残っている訳ではありませんが、やはり、その死因の多くは病だろうといわれます。

遊女が病に罹りやすかった理由として、しばしば、その生活の過酷さが挙げられます。遊女は客に応対している際、いくらご馳走が出されても、口をつけることは許されません。客の前でものを食べるのは、「はしたない」とされたからです。客と懇意になるとそうした縛りも緩くなったようですが、多くの遊女は客が寝静まった後に台所に忍び込み、残り物をつまみ食いをする「納戸飯《なんどめし》」をしていたといいます。そして日の出前には客を送り出し、わずかな仮眠をとって支度をしたら、昼からはまた見世にでなければなりません。

生活のタイムスケジュールは、時代や地域、遊女の等級によって異なったでしょう。ただ、似たような生活を送れば、免疫も下がり、さまざまな病に罹患しやすくなったのは当たり前です。そして遊女をめぐっては、数ある病のなかでも、やはり梅毒についての記述が目を引きます。

梅毒は、その起源ははっきりしないものの、十五世紀末頃にコロンブス一行がアメリカ大陸から持ち帰ったことで世界的に広まっていった病です。日本にも永正九年（一五一二）の頃に伝来し、はじめは関西で流行します。当初はもっぱら「唐瘡《とうがさ》」や「琉球瘡《りゅうきゅうがさ》」と呼ばれており、中国や琉球との交易を経て伝来した病と認識されていたようです。

戦国時代に輸入された梅毒は、江戸時代をとおして全国的に広がりをみせ、とりわけ都市の遊廓では、あって当然のものになっていきます。幕末に横浜などでおこなわれた検黴《けんばい》（梅毒検査）では、遊女が一〇〇人いれば八〇人は罹患しているような状況だったとも。買売春を生業にして梅毒にならないようにする、というのは当時においてほとんど不可能だったんじゃないでしょうか。

梅毒のよく知られる症状としては、その名称を象徴する、淡く赤い発疹《ほっしん》があるでしょう。現代では薔薇《ばら》疹と呼ばれることが多いですが、もともとはこの発疹が楊梅《やまもも》に似ていることが、梅毒と呼ばれるようになった由来といいます。もっとも、江戸時代には「瘡《かさ》」や「瘡毒」「黴毒」と書かれる方が多く、この表記が一般的になったのは近代以降です。

梅毒の発疹は発症して数ヶ月であらわれ、自然と症状は消えますが、病が進行していくと様々な症状が顔を出すことになります。なかでも、「鼻が落ちる」というのが有名でしょう。鼻欠《はなかけ》、鼻腐《はなくた》などともいいましたが、鼻周辺にゴム腫ができることで、骨や皮膚組織が破壊され、鼻が削げてなくなってしまうわけです。そのため、下級娼婦などは自分で鼻に詰め物をしていたといいますが、江戸後期には入歯・入目（義眼）と同じく、入鼻をする商売までも登場したとか。そして、そのように見た目に影響がでるだけでなく、末期には心臓や脳、血管や神経が梅毒によっておかされ、まもなく死に至ります。

死ぬのはもちろん、鼻がなくなるなんて、想像するだけで恐ろしい病です。現代ではペニシリンによる治療法が確立されていますし、性感染症検査も充実しているので、発疹すら出る前に治療をはじめる罹患者も多いようです。しかし、江戸時代においては、残念ながら、徐々に死にいたる、不治の病でした。

そんな病が蔓延《はびこ》っていれば買売春なんてとても……と思いますが、江戸時代には「男たるもの梅毒にかかってこそ！」とか、梅毒を笑い話にする風潮さえうまれました。梅毒という病が日本に伝わった頃はずいぶん恐れられていたようですが、徐々に日常に浸透したのかもしれません。その辺の経緯は、コロナウイルスを経験した世代であれば、なんとなく類推がつくでしょうか。ただし、コロナウイルスに対してもさまざまな見方があったように、江戸時代のひとびとが皆揃って梅毒を笑い話にできたかというと、そうではありません。

評判記には記載されないわけ

その証拠に、遊女評判記には滅多に梅毒に関する記述がでてきません。ありふれた病だったのであれば、遊女を批評するなかにもさぞ記述が多かろう、と思いませんか。しかし、いくら評判記をめくってみても、でてくるのは「病で引き籠もる」といった程度の記述ばかりで、梅毒とはっきりわかるものは稀です。

もちろん、まったく記述がない訳ではありません。たとえば、京都の島原を扱った最古の遊女評判記『嶋原集』には、次のようなことが書かれています。

和泉《いずみ》は、もとは梅の位（天神）の中にはならぶ人もいなかったが、煩い以後、頭は瓢《ひょう》簞《たん》のように、額には虎のように斑が出来た。とても興《きょう》がある。

梅の位（天神）とは、大坂や京都の遊廓における遊女の位で、最高位の太夫（松の位）に次ぐ第二の位です。つまり和泉は高級遊女で、そのうえ他にならぶ遊女がいないほどだったと。しかし「煩い」（病）のあとは、頭や額に後遺症が残ってしまったようです。

これだけでは何の病かわかりませんが、この記述のうしろには「河風引《かわかぜひく》な　瘡はかせ山」という歌がふされています。「河風（皮風邪）」や「瘡」は天然痘など種々の皮膚病を指しますが、局所的に目立つ痕が残ったというあたり、梅毒の症状のようにも思われます。

作者はその痕について「とても興がある」なんて評していますが、歌に詠まれた「瘡はかせ山」の「かせ」は、かさぶたの「痂《かせ》」と、枷《かせ》になるの「枷」をかけているのでしょう。つまり、その痕は客に嫌がられたということです。

数多くの遊女が梅毒に罹患していたのであれば、こうした記述はもちろん、もっと具体的なことが遊女の評判に書かれていてもよさそうなものです。もちろん、遊女評判記は遊女の宣伝も兼ねていますから、病についての記載が少ないのは当然といえば当然です。

しかし、これまでみてきたとおり、遊女評判記はゴシップ色の強い媒体で、人気が落ちそうなことも好き勝手に書くのがウリでした。それにもかかわらず梅毒があまり登場しないのは、さすがに避けた方がよい事柄として認識されていたからに他ならないでしょう。遊女が梅毒にかかっていることは、笑い話にはならなかったということです。

「誓詞」「血文」

死がすぐそこにあった遊女たちにとって、心の支えのひとつは、深く想い合う「間夫」でした。身請けにしろ年季明けにしろ、廓を出て、想い合う客との暮らしを夢みる遊女は少なくなかったでしょう。

しかし、深く想い合う相手ができたとしても、身請けが決まらない限り、遊女は勤めを続けなければいけません。真に想う客に疑われながらも、多くの客をつなぎとめなければ、遊女の商売は成り立たないのです。そのためにおこなわれたのが、自らの真情を相手に示す「心中」です。「あなただけ」といってどうにか客をつなぎとめるために、先にふれた指切りをはじめ、遊女はさまざまな心中をおこないました。

先程はインパクトが強い心中の話を紹介しましたが、実際に史料で目にすることが多いのは、誓詞（誓紙）です。起請文《きしょうもん》ともいいます。起請文はその事柄について嘘・偽りのないことを神仏に誓い、相手に表明する文書のことです。平安時代の頃から行われ、江戸時代にも、遊里にかかわらず広くおこなわれていました。

誓詞の用紙には、熊野の牛王宝印《ごおうほういん》を用いるのが正しいとされました。牛王宝印とは熊野神社で厄除けのために配られた護符で、「牛王宝印」の文字と、神使《しんし》として信じられている烏《からす》が描かれています。熊野神社の神は妄語（嘘をつくこと）の罪を責めるというところから、この護符に書いた誓約を破ると神罰を受けると信じられたといいます。遊女評判記にはしばしば、誓詞を書きすぎる遊女に「熊野の烏の迷惑」なんて皮肉が書かれています。客同士が見せびらかすので、一人の遊女が何人にも誓詞を出していることがわかってしまうんですね。神罰があたるといわれても、遊女は商売柄、誓詞を何枚も書かなければなりませんでした。

信心深い土地柄である京都の島原でさえ、馴染客に対してひと月に十枚は送り、正月・盆・節句前などの客を呼びたい時は、一度に百枚も送るようなこともあったとか(『嶋原集』)。いくら心中をしても客がふらふらしている場合、恐ろしいことに自らの血をつかって書く「血文《ちぶみ》」という誓詞さえ書いたといいます。墨を足してもいいそうですが、かなりの量の血が必要だったのではないでしょうか。こうしてみると、遊廓における身体観は、現代からみるとかなり殺伐とした感を受けます。

そんなに誓うことを求められるのであれば、だんだん神罰なぞ気にならなくなる気もします。しかしそれでも罰を恐れる遊女は多く、自分の名前や肝心な部分を微妙に間違えて書くなどして、難を逃れようとしたとか。職業柄やむを得ないこととはいえ、嘘を吐《つ》き、神罰を受けることはやはり恐ろしかったのでしょう。京都では尼になった遊女もいたといいますが、嘘をめぐる罪の意識もあったのかもしれません。

想い人の死

未来を誓い、いつかは一緒に……と信じていた客が亡くなることも、当時は珍しくなかったようです。というのも、遊女評判記にはしばしば、遊女の想い人が死んでしまった、ということが書かれているのです。

たとえば『吉原よぶこ鳥』には、かるもという格子女郎が「必ず縁を結びましょう」と深く誓い合った相手が亡くなってしまった、ということが書かれています。かるもは、その客の死を聞いた後も気丈に勤めを続けたようですが、かつて逢瀬を重ねた座敷で他の客に会うのが辛くなり、結局はしばらく勤めを休んでしまったとか。ずいぶん熱心に通ってきた相手だったそうで、身請け話なんかも進んでいたのかもしれません。相手を忘れたくても、遊女の行動範囲は限られていますから、なかなか心が晴れなかったのも頷けます。かるもはその後勤めに戻りましたが、かの客の忌日には供養をし続けたといいます。

こうした具体的なエピソードだけでなく、「深間（間夫）死去」といった文言で、間夫の死が記されていることは珍しくありません。あまりにもよくでてくるので、「客は死んだということにして、来なくなったのではないか?」と疑わしく思ってしまいます。

しかし、遊女屋や茶屋は、代金を確実にとりたてるため、客の身元を意外としっかり把握しています。客の情報力もバカにできませんから、「死んだ」と偽ることはなかなか難しかったように思います。

さらに興味深いことに、遊女がかつての間夫の「お剃刀《かみそり》」をしたという記述もみられます。お剃刀とは、葬送の際、故人の髪を剃る浄土真宗などの習わしです。

角町三左衛門抱えのせいしは、廓内の大文字屋（京町一丁目）に間夫がいたそうです。間夫は五節句などなにかと物入りな時も用立ててくれる、かなり太っ腹なひとだったとか。しかし、その間夫は亡くなってしまい、せいしは「剃刀で髪を剃って弔った」とあります（『吉原袖鑑』）。本来お剃刀は僧が戒名を授けるとともにおこなうものですが、縁が深いということで、せいしが手ずからおこなったのかもしれません。

それだけ聞くとなんとも悲しげな話ですが、この間夫が亡くなった頃には二人の関係は冷めていたのか、作者は間夫からせいしが五十両借りていたことを暴露し、間夫が「先立ちてご満足」なんて嫌味を言っています。来世も一緒にと「二世《にせ》の契《ちぎ》り」をした仲だったそうですが、せいしの心ははたして。

いずれにせよ、江戸時代は今よりもずっと死が身近な世界だったように思われます。

傷病や死と隣り合わせの世界

自分も相手もいつこの世を去るかわからない……そういった気持ちから、遊廓を脱走する遊女もいました。

脱走は一人でしたっていいわけですが、遊女の脱走はたいてい、想い人がいるけど身請けしてもらえる程の財力はない、だけど年季が明けるのも待てない……という、相手がいての駆け落ちが多かったようです。

江戸の吉原についてはあまり記述がみられませんが、京都島原の評判記『難波物語』(明暦元年〈一六五五〉)には、長嶋という遊女について「太夫をおりた遊女。あるとき走ったけれど、尋ね出されて帰りたる人」という記述がみられます。走る、つまり脱走したんですね。なんと、最高位の太夫の脱走です。

藤本箕山の『色道大鏡』からは、この長嶋という遊女についてもう少し詳しいことがわかります。長嶋は正保二年（一六四五）十一月、揚屋治兵衛の裏から廓の周囲をめぐる塀・堀を越えて出奔し、大騒ぎになりました。廓中のもの――とくに強健な若い者たちでしょう――がこれを追いかけ、結局、山城国《やましろ》の木津でとらえられたといいます。

木津は、京都府の南端、現在の木津川市あたりのことです。奈良と京都を結ぶ交通の要衝で、江戸時代には奈良街道沿いに宿駅や河港として栄えた場所といいます。今の道で、島原のあたりから徒歩で八時間程度といったところ。そこまで京都から離れているわけではないので、もっと先まで逃げようとしていた途中で捕まったのかもしれません。江戸時代のひとは現代人よりずっと健脚だったといいますが、長嶋は遊廓暮らしが長く、逃げるのにもやはり限界があったのでしょう。島原に連れ戻された長嶋は、太夫のひとつ下の位の天神に降ろされ、さらには「まえに逃げたらしい」なんて噂もついてまわり、人気を取り戻すことはできなかったようです。

長嶋がどれくらいの間逃げられたかはわかりませんが、同書には、「遊廓を運良く脱すことができても、大抵は数日で家に戻された」とあります。仮にしばらく隠れ住めても、最終的には露見し、「斬罪」にされたり、夫に殺されたりした遊女もいたとか。逃げた遊女も、共に逃げる男もお尋ね者です。真っ当な仕事につけず生活苦になり、せっかく駆け落ちまでしたのに、相手が憎くなって殺してしまう……そんな悲しい事件もあったんでしょう。箕山は「よくよく覚悟するように」と、脱走を企図する遊女に注意を促しています。

心中による身体的な欠損や傷は日常茶飯事で、病や死とも常にとなり合わせだった遊女たち。そこから脱することもまた、決して容易ではありませんでした。

華やかにみえる遊廓の「影」。その陰影がいかに色濃いものであったのかは、いまの私たちには想像することしかできません。しかし同時に、いくら遊廓の根底が陰惨なものであったとしても、そこに生きる人々が皆、ただひたすら鬱々と過ごしてばかりではなかったのではないか、とも思います。

毎日を生きるなかで日々生じる、ささやかな悩みや楽しみ。人付き合いにともなう親愛・不和。そんな、私たちの毎日にも通じそうな日々の事柄もたくさんあったに違いありません。

次章では、そんな遊女の日々の一端を、少し覗いてみたいと思います。

第六章　ささやかな日常の光景

妊娠と出産、間夫の存在

『吉原酒てんどうじ』〈貞享三年〈一六八六〉〉という遊女評判記には、京町三浦内の加瀬《かせ》山《やま》に起こったという、とある事件が記されています。

去年、お子を孕《はら》まれたが、大晦日の朝に二階から足を踏み外し、落ちて早産なさったという。あぶないこと。命あってこそ、お子の父様《ととさま》にも会わせられます。

年の瀬に妊婦が階段から足を滑らせあわや大惨事というところ、加瀬山は早産こそしたものの、母子ともになんとか無事に済んだ、といいます。この加瀬山、表記は異なりますが、役者の項で「婆娑羅」な遊女として紹介した鹿背山と同一人物のようです。役者らしき人と噂になる少し前には、出産について取り沙汰されていたんですね。三浦屋の高級遊女が身ごもっていたという驚くべき記事なのですが、実は遊女評判記には、遊女の出産にかかわる記述が意外と多くでてきます。

もう少し遊女の出産についてみていきましょう。

『吉原袖鑑』（延宝初年〈一六七三〉頃）という遊女評判記には、かをひ（江戸町長兵衛内）という遊女について「年子《としご》をはらむ人にてうるさし」と書かれています。「年子」は同じ母親から一年おいて続いて子が生まれることです。「うるさし」というのは、子どもの泣き声がいつも聞こえてということでしょうか。遊女の子どもはすぐに引き離されたともいいますが、かをひを抱えるお店で面倒をみていたのかもしれません。乳離れするまでの間だけだったのか、そのあたりは定かでありませんが、評判には続いて「再び世に出らるゝ事めでたし」ともあり、子どもを産んだのちに勤めに戻ったこともうかがえます。

同書にはほかに、はな野（京町三浦内）という遊女について、「昨年初産をしたけど、近頃遊女が妊娠するとその父親はたいてい廓関係者の間夫のようだ、そんなこと昔はなかったのになぁ」などとも書かれています。間夫にはやはり廓関係者が多かったんですね。しかし、どうして子どもの父親がわかるのでしょう。避妊方法としては挟紙《はさみがみ》といって紙を陰部につめるやり方などがあったものの、それが絶対的な方法でないことは当時ですらわかっていた筈ですが……。

はっきりしたことはわかりませんが、どうも遊女評判記の作者たちは、遊女が子を産むのは、その父親との間に「真実」があるからだ、と考えていた節があります。

たとえば、『吉原天秤』（寛文七年〈一六六七〉）には、はつせ（たてたし伊左衛門内）という遊女について、「誰やらと深い仲で、過ぎし頃安産なさった。遊女として真実の密通は頼もしいが、あるいはご全盛の障りになるのではないだろうか」などとあります。「真実の密通」とは、ここでは「深い仲の客の子を産んだこと」を言っている訳です。

たしかに深い仲の相手がいれば、その人との子を妊娠する可能性が高いかもしれません。しかしながら、遊女は言うまでもなく、たくさんのお客を相手にしていますから、他の客が父親である可能性は否めないでしょう。その上で、作者は、遊女が子を産む＝遊女に想い人がいるという解釈をしてみせているのです。皮肉交じりに「子の父親が羨ましい」なんて書かれていることもありますが、ようは、出産に関する記事は、真に想う間夫がいるという暴露の意味も含んでいたんですね。

皮肉交じりとはいえ、作者たちが遊女たちの出産を書いていること＝この頃の遊女たちが出産を許されたという事実には驚かされます。というのも、もっと時代が下って江戸後期の頃になると、遊女の妊娠は不名誉だとか、妊娠すると折檻《せっかん》されたなんて話が多く残されているのです（『世事見聞録』など）。はなはだしくは、梅毒に罹って治癒《ちゆ》すると妊娠しなくなると信じられ喜ばれた……とも。出産は商売の障りになるので、遊女たち自身も流産や堕胎をのぞみ、さまざまな方法を試したといわれます。

しかし遊女評判記が出版されていた江戸前〜中期の頃、少なくとも評判記に名前があがるような高級遊女や人気の遊女たちについての記述からは、そこまで風当たりが強かった様子はうかがえません。出産に関して、遊女評判記のなかで一番多くみかける言葉は「平産」です。つまり、やすらかに子を産んだ、安産ということで、大抵「めでたい」という言葉とセットで書かれています。「三月二十一日の夕に、御平産おわしますよし。めでたし」（まんしゅ『吉原天秤』）、「初の御平産にてめでたやめでたや。すこし、子の顔が見てみたい。誰に似たるやら」（対馬『吉原袖鑑』）、「近き頃平産せられしよし、親子とも健やかにてめでとうござる」（小泉『吉原下職原』）などなど。

もちろん、先述したとおり、出産は結局のところ、間夫がいるという暴露をも意味しました。「おめでたい」といいつつ、ゴシップのネタにしているだけ……そう考えると、評判記作者は血も涙もないひとたちです。しかし、少しぐらいは、文面どおりのお祝いや心配の気持ちもあったのかもしれません。

いずれにせよ、評判記作者の口から遊女の妊娠・出産を責める言葉がでていないのは興味深い事実です。もちろん取り上げられることもない下級の遊女たちについても同様の状況があったかは大いに検討の余地があるでしょう。しかし、少なくとも評判記からは、後の世のように、何が何でも堕胎しなければいけないというような悲惨な世界はみえてこないのです。

吉原は江戸後期になるにつれ、遊女の数が増える一方で経営不振となり、遊女の過ごす環境も悪くなっていった、と考えられています。本書で注目する遊女評判記の頃は、前にもふれたとおり、大繁盛していました。遊女の出産をめぐっても、まだまだ許容する雰囲気があったのかもしれません。

過密スケジュールと一息つく時間

さて、妊娠・出産の間、遊女たちはさすがに勤めを休んでいたでしょうが、そもそも遊女には休みがとれたのでしょうか。次に、遊女の働き方や余暇についてみていきましょう。

遊女の一日というのは大変忙しく、自由な時間というのはほとんどなかったといわれます。朝起きたら身支度をし、昼からはひたすら客を待って、客がとおしでつけば、早朝までお相手。陽が昇る前に客を見送った後、わずかな睡眠をとって、また身支度……の繰り返し。合間には簡素な食事をかきこみつつ、日々の支出に頭を悩ます時間なんかも必要だったでしょう。

遊女の休日は店によって異なりますが、月に一~三日の「髪洗日《かみあらいび》」のほか、年末年始の数日だけ。好きな時に休みをとれる「身揚《みあが》り」という手段もありましたが、身揚りは、主人（楼主）に自分自身の揚代を支払って休みをもらう方法です。つまり雇先にお金を払わなければ休めないという、とんでもないブラックな労働環境でした。身揚りなんかをしてしまったら、首が回らなくなる……そんな遊女も多かったようですが、妊娠・出産の間の休業はもちろん、病気での療養期間も、この借金が嵩む方法で遊女たちは休みをもらっていたのです。

そんな過密スケジュールのなか、遊女が息をつけるのはいつだったのか。それは、客を待つ時間です。

ほんの一握りの高級遊女は自分の部屋をもち、そこで客を待てますから、客がつくまでの間、好きに過ごすことができました。そうした部屋をもたない遊女たちはどうしたかといいますと、「張見世《はりみせ》」と呼ばれる、道路に面し、格子（籬《まがき》とも）をめぐらした部屋にならんで客を待ちます。つまり、通行者に姿をみせて客となってもらえるようにするわけですね。

当時の絵には、格子のなかで三味線を弾いたり、長煙管《ながキセル》で気怠げに煙草を吸ったりする遊女の姿が描かれています。火を吸いつけた煙草を客にさし出す「吸い付け煙草」は遊女の情愛の表現といわれ、それを期待しているらしい客が格子越しに群がっている様子も。隙間から手を出して積極的に客を呼び込んでいるような遊女もいますが、吉原には「ぞめき」と呼ばれる冷やかし客も多く訪れました。そのためか、いちいち外を気にせず、手紙を書いたり、同僚とのおしゃべりに夢中になったりと、思い思いに過ごす遊女も少なくなかったようです。

この張見世は明治以降、「檻《おり》に女性を入れて見世物にしているようだ」と西欧諸国の人々を驚かせ、大変な顰蹙《ひんしゅく》を買い、やがて規制されるに至ります。ともあれ、江戸時代においては、忙しい毎日を過ごす遊女たちにとって貴重な余暇の場であり、格子越しになされる客と遊女の駆け引きは、吉原の一種の醍醐味だったのです。

古典に和歌に美文字

格子のなかでは貝合せの遊びをしている様子なども描かれていますが、とりわけ目を引くのは、読書をする遊女たちの姿です。

前章では識字率の話にふれましたが、妓夫などの下男とは異なり、遊女は日常的に文字を書いたり読んだりする必要がありました。お客と手紙をやりとりするのは、毎日こなさなければいけない大事な仕事だったからです。遊女たちはお客から来た溢れるほどの手紙をきちんと簞笥《たんす》にとっておいて、折々に見返すこともしていたとか。大事な手紙はもちろん、「このお客さん、久しぶりだけど、前にどんな話をしたっけ……」と思い出すためにも必要だったのです。

そもそも、高級遊女になるためには古典や和歌を嗜まねばならず、「手」（筆蹟《ひっせき》）の美しさも重視されました。遊女評判記の一種として、高級遊女の筆蹟を模刻した本まで刊行されています。その美しくも力強い筆つきは、ため息が出るほど。単に読めればいい、書ければいいというレベルではなかったのです。彼女たちの多くは貧しい家の出ですから、当然はじめからそんな美しい字を書けていたとは思えません。お目付役の遣手や姉女郎などから手ほどきをうけ、血の滲むような努力を重ねたのでしょう。

そんな風に文字に馴染みのあった遊女たちが、格子のなかで隙《ひま》を潰すにあたり、読書をするのも当然だったでしょう。そして、そうした遊女たちの読書リストには、もちろん遊女評判記もはいっていました。

遊女評判記は吉原内でも薬屋で売られたり、貸本屋が売り歩いたりしていたと前述しました。そのため、遊女たちも評判記を手にとり、自分や見知った遊女の評判をチェックしていたみたいです。どうしてそんなことがわかるかといいますと、それは評判記作者と一部の遊女が、評判をめぐって諍《いさか》いを起こしているからです。

遊女間の噂と人間関係

先に都鳥と三浦屋の遊女たちの不和をご紹介しましたが、ほかにも『吉原歌仙』（延宝八年〈一六八〇〉頃）の作者（未詳）は、梅《うめ》が枝《え》という散茶女郎に対し「格子で顔を背けられた！」と文句をたれています。どうも梅が枝は店の若い妓夫と恋仲であることをこの作者に暴露されてしまったようで、道で作者と顔を合わせた際も、どこかへ足早に逃げてしまったとか。

しかし、そんな風に作者と敵対しても悪評を書かれるばかりですので、うまく作者に取り入ろうとする遊女もいました。

たとえば三浦屋の太夫、小紫《こむらさき》。彼女は当時著名な作者である都鳥とは非常に険悪でしたが、その弟子である今宮烏とは仲良くしておこうと思ったのでしょう。「お近づきになりたい」と今宮烏に手紙を遣わしたそうです。

もとは下っ端の妓夫であった今宮鳥ですから、最高位の太夫から手紙をもらうなんて、天にも昇る思いであったに違いありません。今宮鳥は小紫を悪く書いてきた都鳥について「目にごみ入たりと見えし」（都鳥の目はフシアナだ）などと言い、小紫を擁護《ようご》するようになります。さらには、「小紫よりも、太夫高尾のほうが都鳥を後ろ盾に人の知らない悪事をしている」なんていう主張もはじめたのです。

こうしてみていると、遊女の敵は評判記作者であり、いかに作者を籠絡《ろうらく》するかが肝心だったようにみえてきます。しかし、遊女の敵は作者だけではありません。心穏やかな生活を送るにあたって重要なのは、遊女同士――とりわけ傍輩《ほうばい》（同僚）との関係です。それは、遊女評判記がときに遊女同士の闘いの舞台になったことからもうかがえます。

たとえば、延宝三年（一六七五）『吉原大雑書』における、さんしゅという太夫（京町三浦内）の評判には、こんなことが書かれています。

さんしゅがさる人の物を隠しとったり、あるいはたびたび銀子《ぎんす》を横領した事、確かに証拠があるらしい。まさしく御傍輩の御話である。自分が頼まれたので、ここに書く。

「さる人」など情報が少々ぼんやりしていますが、ともかく作者はさんしゅの傍輩、すなわち遊女仲間から頼まれ、さんしゅの盗癖を暴露したようです。当時最高位の太夫が、本当にそんなことをしたのでしょうか。濡《ぬ》れ衣《ぎぬ》であれば名誉毀損《きそん》もいいところです。

残念ながら、真相はわかりません。ただ、遊女がこのように他の遊女の悪評を依頼するのは珍しくなかったようです。「とにかく悪く書いて欲しい」という手紙がきたとか、「タレコミを信じて悪評を書いたけどあれはやはり嘘だった」とか、評判記にはそんなことが書き残されています。

遊女は閉鎖的な空間で生活していますし、結局のところ、客の奪い合いです。お客をとりあって遊女が喧嘩し、面を叩いた……なんて話はよくでてきます。そういうことがないよう、相手の遊女はもちろん通うお店もかえないのが作法で、浮気した場合は遊女に制裁されたりなんかしたようですが、強制力はありません。遊女同士、気に入らない相手なんてそれこそ山ほどいたでしょう。

そんなふうに遊女同士の関係が悪いといろいろと嫌な噂を立てられてしまったらしいことは、京都の島原を対象とした初期の遊女評判記、『難波物語』（明暦元年〈一六五五〉）にもみられます。次の一節は、薫という遊女の評判です。

「この薫、若旦那と『あぢ』(色めいていること)があるらしい……あるいは旦那、あるいは揚屋、と手管する人は沢山いるのに、薫の噂がとりたてたつのは、薫の傍輩付き合いが悪いからだ」

どうもこの薫という遊女、女郎屋の若旦那が間夫であったようです。ただ作者は、遊女がそうやって遊女屋の旦那だとか、揚屋の者と情交をもつことはままあるのに、とりわけ薫の噂が立つのは、薫が遊女同士の付き合いが悪いからだ、と言っています。

客に情報を流されるだけでなく、遊女仲間からもこんな風に噂がたったんですね。当然といえば当然ですが、なかなか気の休まらない生活です。

「苦界十年」年季明けの人生は

遊女同士のやっかみや諍いは、客相手に人気かどうかというばかりでなく、遊女のゆくすえにかかわって生じるものでもありました。最後にすこし、遊女が年季を終えたらどうなるかについて、ご紹介しましょう。

『吉原袖鑑』という遊女評判記には、はつね(角町七左衛門内)という遊女の親についいて、こんなことが書かれています。

「はつねが、七左衛門の『庭子《にわこ》』というのは本当だろうか。そうであれば、のちのちは遺手に出られるのだろう」

「庭子」というのはふつう下男・下女の間に生まれた子をいいますが、「七左衛門」というのはこのはつねが属している遊女屋の主人です。厳密に解釈しようとするとそのあたりは難しいですが、とにかく、「はつねは遊女屋の主人の娘なんじゃないか」という噂があるということが、ここで暴露されているわけです。

　父親が遊女屋の主人であれば、はつねの母親は、七左衛門の妻＝女将でしょうか。ただ、「庭子」というニュアンス的に、七左衛門が抱えていた下女や遊女が母親のようにも思います。そのあたりははっきりはしませんが、少なくとも楼主の娘が遊女になる場合があり、そういった娘は、のちのち遺手になることが多かった、ということがみえてきます。

　遺手というのは遊女のお目付役で、遊女の総取締的な存在でありました。客のとり方や酒宴での振る舞い、果ては床の作法にいたるまで、遊女の諸事にうるさく口をだしたとか。客に対しても、余計な世話を焼いては、がめつく心付けを強請《ねだ》り、祝儀が少ないとなかなか遊女に会わせてくれない、なんてこともあったようです。くわえて、楼主とともに遊女を折檻するのも、遣手の仕事です。遊廓を描いた絵には、鬼の形相で竹刀や箒を振り回し、若い遊女を折檻する老婆が登場しますが、それが遣手です。遊女にとっては口うるさい目の上のたんこぶであるとともに、恐怖の対象でもあったのです。

そんなふうに遊女の渡世に口をだしますから、遣手になるひとは、当然遊廓内のことについて詳しい方がよい訳です。そのため、かつて遊女を経験し、そのまま遊廓から抜け出せなかった年増の遊女がしばしばその仕事についたと言われています。

遊廓を抜け出せない遊女など、当時はごまんといますから、誰でも遣手になれたわけではありません。

遊女の年季はよく「苦界《くがい》十年」といいますが、それに加え、見習い期間一年、年季明け後の御礼奉公一年と、年季に含まれない拘束期間が二年ありました。さらに、吉原の年季の規定は、最大で二十年と定められています。七、八歳の頃から禿として入ると、三十路《みそじ》までには年季が明けるという寸法です。「人生五十年」ともいわれた頃ですから、ようやく自由になったと思ったら一生の半分以上がもう終わり……なんて遊女が少なからずいたということです。

さらにいえば、十年にしろ二十年にしろ、そんなに長い間を吉原で生きた遊女が、年季が明けたからといって、どこにいけばいいのでしょう。吉原の規定にはいちおう、年季の明けた遊女は身寄りの者に引き渡すか、いなくても「当人が困らないよう取りはかってやるように」と定められています。しかし、そもそも困窮が理由で売られてくる遊女がほとんどですから、実家に帰っても居場所はありません。だからといって別の勤めをしろといわれても、幼くして売られた場合、そもそも遊廓外の世界をよく知りません。

そのため、遊廓からでるのを躊躇《ためら》い、下級の店にうつって遊女を続ける、もしくは外に出て隠売女になる……というひとも少なくなかったといいます。一度遊女になってしまうと、身体を売り続けなければ生きていけない。遊廓に売られるということは、そんな悪循環に陥るはじまりでもあったのです。

その点、遣手になれば、外の世界にでる必要もなく、嫌なお客を相手にしたり、梅毒にかかったりする心配もありません。いじわるで怖いイメージの遣手ですが、遊女にとってはなれるものならなりたい職業だったのかもしれません。そうしたなか、先の評判記からわかるとおり、楼主の娘などは優先的にその座につけたんですね。

楼主の娘がそこまで多かったようにも思えませんから、おそらく他にも、店関係者に気に入られた遊女などが遣手になったのでしょう。そこで思い出されるのは、遊女がしばしば「お町の間夫」（遊廓関係者の間夫）をもったという話です。身近にいるから好意を抱くということも勿論あったでしょうが、お町の間夫は、色々と「つよみ」があるからつくるものだと書かれた史料もあります（『吉原鑑』）。

その「つよみ」は目先のことだけでなく、年季明け後の「転職」を見据えたものでもあったかもしれません。気に入らない遊女と間夫の噂を流すといったイジワルが、自分のゆくすえを憂いた、嫉妬のあらわれということもあったんでしょう。

評判記が書かなかった複雑な心情

遊女同士の諍いばかりとりあげてしまいましたが、もちろん、遊女同士が深い紐帯《ちゅうたい》で結ばれていた様子もみられます。遊女同士の付き合いが悪いと嫌な評判をたてられるんですから、やはり同僚に味方が多いにこしたことはなかったでしょう。

仲の良い同僚の存在が遊女勤めの助けになったことは、吉原の遊女の手管を紹介する『吉原すずめ』等にも記されています。たとえば、客が訪れたときに目当ての遊女が不在であれば、その遊女と親しい仲間が一人出て、「面と向かって言わないだろうけど、実はあの娘はあなたのことをこんなに深く想ってて……」などと言って嬉しがらせる、という手管が記されています。作者は、遊女が同じ店の遊女と「兄弟のように懇《ねんご》ろにするのは、このような時のためだ」と述べ、他の店の遊女とそうした「兄弟けいやく」を結ぶこともあると言っています。

島原を対象とした遊女評判記にはしばしば、「傍輩付《ほうばいづき》」（仲間付き合い）についてその良し悪しを評価する記述がみられます。人間関係が良好なほうが遊女も魅力的にみえるということにくわえ、遊女の大事な資質として評価されていたのかもしれません。

くわえて、評判記をめぐっていえば、特定の作者と遊女の間に不和が生じた際、仲介に入る遊女たちの姿もみられます。

たとえば今宮烏の『吉原人たばね』では、兵庫屋のりしょうについて悪評を書き立てようとしていたところ、同じ店のせんしゅに深く頼まれたため、「今回は思う所あるが、書かない」と矛を収めています。先に紹介した都鳥と不和の太夫・小紫をめぐっても、やはり同じお店の遊女たちが随分と気を揉んで、都鳥に長文の手紙を送ったりと、仲介に奔走していたようです。

遊女にとっては間夫が勤めの癒しといいましたが、自分の味方になってくれる遊女仲間も、日々の生活になくてはならない心の支えだったように思います。遊女評判記には遊女同士の諍いばかりがピックアップされていますが、当時の遊女たちに聞けば、作者のゲスな書きぶりに怒りを示すんじゃないでしょうか。

病や死と隣り合わせの日々のなか、ともに過ごす仲間であり、商売敵。そんなお互いを遊女たちはどう思いあっていたのか――その内心は、作者の目を介した評判記からだけではみえてこない、複雑な模様を描いていたに違いありません。

終章　江戸から現代へ——「遊廓という町」に生きた人びと

子どもの頃に誰でも一度はつくったことがあるだろう「てるてる坊主」が、江戸時代から伝わるおまじないというのをご存知でしょうか。現代では子どものおまじないとしてよく知られますが、吉原の遊女たちも「てるてる坊主」に願いをかけたらしいことは、『娼家用文章』という史料にみられます。

どうして遊女と天気のおまじないが関係あるのか。それはやはり、お客に関係しています。

面白いことに、『娼家用文章』に紹介されている「てるてる坊主」は、現代わたしたちが知るてるてる坊主とは逆さまです。すなわち、頭を下に、身体を吊るされていて、傍《かたわら》には「もう天気になります。堪忍して下さりまし」なんて可哀想なセリフが書かれています。

それでは私たちの知るてるてる坊主（頭を上に吊った坊主）はというと、同書では「ふりふり坊主」とその名が書かれています。ふりふり坊主は「色男を居続けさせるには、オレでなければなるめえ」などという台詞《せりふ》が書かれていて、「深く想っているあのひとが帰らないように雨が降ってほしい」という願いを込めて、遊女が「ふりふり坊主」を吊るしたらしいことがうかがえます。

『娼家用文章』にはほかにも、お客に「侍」が来て欲しい場合は紙に「乾」と書いて小石を包んで枕の引き出しに入れるとすぐ来るとか、「百姓」の場合は紙に「うしとらうしとら……」と三十三回書いて北の柱に貼れば良い、などと客を呼ぶ方法が記されています。客の名前を書く方法など、意中のお客さんを呼ぶものもみられます。

こうしたおまじないを試してみたくなるほど、遊女たちの生活は、自分の想いだけではどうにもならないことばかりだったのでしょう。まじないや占いはもちろん、神や仏にすがる遊女も多かったといい、とりわけ京都の方では、太夫などが尼になる道を選んだという話が多く残されています（『色道大鏡』）。

いくら仕事とはいえ、嘘を吐き、客の身ぐるみを剝がし、ときには死に追いやった遊女たち。年季が明けても、深い苦しみにとらわれたひとは少なくなかったようです。しかし、こんなちょっとしたおまじないをめぐる記述からは、遊女たちが毎日ただただ悲嘆に暮れていたというばかりでなく、ときには手遊びにまじないなどをし、ささやかな喜びを見出していたこともみえてきます。

恋するあの人に来てほしい。雨が降って客を足止めしてほしい。そんなささやかなおまじないの先には、想い人と結ばれ、遊廓からでたいという願いもあったでしょう。その願いは悲しくも泡と消えてしまうことがほとんどだったでしょうが、わずかながら、客に身請けされたり、無事に年季を勤め上げ、想い人と一緒になったという幸福な遊女たちの話も残されています。伝説的な名妓のケースが多いのですが、遊女評判記には、もう少し下級の店にいた遊女のその後の姿もみられます。

たとえば、元禄三年（一六九〇）の『吉原不残記《ふざんき》』には、巴《ともえ》という遊女の評判のなかで、こんなことが記されています。

巴は容姿が麗しく、気立ても良くてかわいらしい。歌もうたえる。だが、巴が客を待つ姿を見るたびに懐かしく思うのは、かりう（かりゅう）の君だ。かりうは吉原江戸町二丁目で一番の女郎だったが、店から姿を消したと思っていたら、浅草の「しゆめうとう」がかりうを射止めた果報者であると噂がたっている。先日も「さかなのある町」でかりうが昔とかわらない姿でいるのをみた。同じ大黒屋の都という遊女のお客に言伝《ことづて》を頼めばかりうに伝わるから、してあげるといい。かりうの後を継ぐとすれば巴であるという人もいる。そういっている人も、随分とかりうに惚れ込んでいただろうに……。

ここでは巴の評判が記されながらも、メインはかつてこの店に所属したかりうという遊女の噂になっています。江戸町二丁目で一番の遊女だったというかりう。二丁目とありますが、かりうと巴がいた大黒屋は、正確にはこの頃二丁目のうちの堺町にあったようです。堺町は色々な下級の店が入り乱れた小さな通りで、おそらくかりうも、散茶、あるいはそれより下位の遊女でしょう。そのなかでも人気のかりうは店から姿を消したと思ったら、なんと浅草の「しゆめうとう」が彼女を射止めたらしい……という噂が立っているとか。

肝心の「しゅめうとう」とはなんでしょう。濁点を補って読んで「じゅめうとう」、漢字を当てると「寿命糖」だと考えられます。寿命糖は、今でいう千歳飴《ちとせあめ》のことです。千歳飴のはじまりは諸説ありますが、一説に、元禄~宝永の頃、江戸浅草の七兵衛という人が売ったのをはじまりとするといわれています（柳亭種彦《りゅうていたねひこ》『還魂紙料《かんごんしりょう》』）。寿命糖がかりうを射止めたというのは、もしかして、この七兵衛がかりうと一緒になったのでしょうか。あるいは七兵衛その人ではなくとも、千歳飴を生業にしていた人と結ばれたという意味なのかもしれません。

かりうが身請けされたのか、自ら借金を返済し自由になった後に結ばれたのか、そのあたりはわかりません。ただ、「昔とかわらない姿をみた」というんですから、かりうは店を出た後、元気に過ごしていたんでしょう。かりうをみたという「さかなのある町」もよくわかりませんが、魚河岸《うおがし》で栄えていた日本橋のあたりで、夫婦仲良く過ごしていたのかもしれません。

とびきりの成功譚《たん》でなくとも、遊廓をでて幸せに生きたかりうのような元遊女。そんな遊女は、当時どれ位いたのでしょう。史料からそうした遊女の姿を明らかにすることは、残念ながら困難です。むしろ調査をしていて出会うのは、遊廓での勤めを終えたのに、他に身売りをさせられるような元遊女の史料ばかりです。

しかし一方で、特筆すべきことがない故に後世の者に知られることがない、無事に遊廓をでて、平穏無事に一生を終えた元遊女も案外いたんじゃないか、という楽観的な想像もしています。史料がないからといって、その事象がないとは言い切れません。評判だった遊女であればまだしも、平凡な元遊女の行く末を進んで書き残すひとはそういなかったでしょうから。

第一章で述べたとおり、本書で対象とした時代は、吉原遊廓が繁盛していた時代です。この後、岡場所や江戸四宿の飯盛旅籠に客を奪われ、吉原遊廓は不繁盛に苦しむようになっていきます。幕末の頃には、ひどい経営をする楼主たちもあらわれ、遊女が火を放って逃げようとしたという事件さえ起きました（横山百合子「『梅本記』―嘉永二年新吉原梅本屋佐吉抱遊女付け火一件史料の紹介」『国立歴史民俗博物館研究報告』第二〇〇集、二〇一六）。吉原における遊女の状況が、時代が下るにつれ悪くなっていたことは、間違いありません。

少ないときでも三千人、時代が下るにつれ四千、五千と抱える遊女も増えていった吉原遊廓。ほんの一握りであっても、かりうのように、遊廓の外で元気に生きていった女性がいたことを願うばかりです。

＊

「吉原は吾妻《あずま》の色のみなもとにて、高位高官、上下賤しき世渡りも、心をはらす遊ひの第一にて……」

こう吉原を称賛したのは、江戸中期に活躍した歌舞伎役者の初世・中村仲蔵《なかぞう》（一七三六〜九〇）です。吉原は「吾妻」、すなわち「江戸」の色事の根源で、身分が尊いひとにとっても、卑しい人にとっても、心を晴らす「遊びの第一」だと絶賛しています（仲蔵自伝『月雪花寝物語《つきゆきはなねものがたり》』）。

吉原の位置付けを考えるにあたり、私は長い間、この記述をどう捉えたらよいかに頭を悩ませてきました。というのも、これを著した仲蔵は遊廓で嫌がられる歌舞伎役者であり、しかも実際に、何度か吉原の妓楼で追い返されたことを自ら書き残しています。つまり仲蔵は吉原が誰にとってもひらかれた場ではないことをよく知りながら、「上下賤しき世渡りも……」などと吉原を称賛している訳です。

まったく妙なことですが、しかしこの仲蔵の記述こそ、吉原に対する当時の感覚を知るには、鍵になるのかもしれません。

遊廓が到底「喜見城《きけんじょう》」（楽園）などとはいえない場所であったこと――それは、現代のわたしたちよりも、当時の江戸に生きた人々こそよく知っていた筈です。もちろん、まったく遊廓に足を運んだことのないひとは、「喜見城」だという謳い文句を信じてもいたでしょう。しかし、実際に追い返された当人でさえ吉原を称賛したのはなぜなのか……。その理由のひとつとして、仲蔵が吉原を「吾妻の色のみなもと」というように、吉原遊廓を江戸の顔として誇る風潮が出来上がっていったことがあったように思います。

もうまもなく幕末という嘉永の頃、吉原がなぜ「不繁盛」なのかを町奉行が調べた記録が残っています（嘉永五年〈一八五二〉「市中取締筋其外町奉行上申」・嘉永六年〈一八五三〉「新吉原町遊女屋永続方対策上申」『東京市史稿　産業篇第五十八』所収）。そのなかで注目されるのは、もともと吉原に住んでいた人々が抱いていた、吉原を誇り、格式高さを保とうとする姿勢です。

この頃、天保改革で非公認の遊所が軒並み取り潰されたことにともなって、岡場所から多くの遊女屋や隠売女が吉原に引き移り、新たに営業をはじめていました。そうしたお店は「遊女大安売り」の引札《ひきふだ》（チラシ）を出すなど、従来とは違った手法で客を呼び込みはじめます。

もともとの吉原勢は、そうした新規店の営業方法に対して強い不満を抱きました。いわく、「遊女大安売り」などという引札を出したことで、「そうまでしないと吉原には客が来ない」「吉原は人気がない」という風説が広まってしまい、上方にまでもその話が伝わり嘲笑をうけている。これは吉原だけでなく、「江戸一体」の「外聞」に関わる問題だ！　と。

先述のとおり吉原は時代が下ると客足が遠のいていきますが、長く吉原に住むひとびとは幕府からの「御免」の場所だという自負をもち続け、さらには江戸中期以降築いた「名所」としての地位をも誇り、吉原は江戸を代表する存在だという矜持《きょうじ》をもっていたことがみえてきます。

実態は不繁盛にもかかわらず、開設当初からの格式高さを保とうとし、江戸の名所であることをも誇り続けた後期の吉原。なんともいびつだとは思いませんか。しかし吉原内の人々だけでなく、江戸の地にアイデンティティを抱く人のなかには、それこそ仲蔵のように、多かれ少なかれ吉原をこの町の顔として誇る気持ちがあった様子がみてとれます。吉原の影の部分を知りながら、一方で吉原を肯定する。そうした矛盾した捉え方が当時において存在していたのは間違いないでしょう。

*

そこに生きる女性の悲惨さ、遊廓の陰鬱さを知りながらもそこに言及せず、吉原を称賛する。そうした矛盾したあり方は、現在の買売春に対する姿勢とも異なり、どう理解したらいいか、難しい部分もあります。

しかし、現代でも似たような構造をもつモノはそこら中に存在します。たとえば、アイドル。「遊女は江戸のアイドルだった」という比喩は誤解をうむので好きではないですが、その活躍に惹きつけられて声援を送る一方、「影」の部分はみたくない……そういう「観客」が多いという意味で、アイドルはもちろん、エンタメ業界とは通じるところがあるように思います。

二〇一七年から過熱した、セクハラや性的暴力の被害をSNSで告発する #MeToo 運動。米映画業界に端を発したこの運動は、日本のエンタメ業界はもちろん一般の人々にも及び、数々の議論を巻き起こしてきました。近年表面化したジャニーズ事務所の問題等も、こうした波がひとつの背景にあったことは間違いありません。被害を告発すれば女性でさえ信じられないほどのバッシングを受けるなか、男性からの、しかも誰もが知る事務所に所属していたタレントからの被害告発は、業界の「闇」を暴く大きな一歩となりました。

しかし、そうした被害の告発に拒絶反応を示す人も、今なお少なくありません。ファンでも何でもない人たちが「売名なんじゃないか」「賠償金目当てだ」と騒ぐのはもちろん、ファンからでさえ「本当だとしても言ってほしくなかった」「とてもじゃないけど受け入れられない」と嘆く声が聞こえてきます。もちろん告発を受け止め、応援するひとたちも数多くいます。そのような中で、「エグい」部分は知りたくない、信じたくない――そう思ってしまうひとも出てくるのは、「観客」側としてはやむを得ないことなのかもしれません。

その陰惨さを知りながらも遊廓を称賛し、買売春を容認する。「江戸時代の人々は残酷だ」と思う方もいるかもしれません。しかし、何かの哀しさを知りながらも目を背けるひとのあり方は、現代も当時も、その根っこにさほどの違いはないように思います。

宝永六年（一七〇九）頃の『吉原つれづれ草』という史料には、「遊女を苦しめて金を儲けるのは楼主のやり方で、客が遊女を愛するのは友として慰さめるようなもの。とらえ苦しめるものではない」なんてことが書かれています（上巻 百廿二段）。ようは、客になって遊ぶことが遊女を助けるという考えです。

研究をはじめた頃、「買うことが救いになるなんて、遊女への後ろめたさをごまかす客の自己欺瞞《ぎまん》だ！」と、この記述に憤った記憶があります。今になって振り返ってみれば、この筆者がもし「女性を苦しめて春を売らせるなんておかしい」と思ったとして、はたして何ができたでしょう。私だって何かを「問題だ」と思っても、自分にできる範囲の小さなことを為すのみです。そのうち何とかなるだろうと目をつむり、問題の構造そのものを変えようという気概を持つには至りませんでした。

社会に根付いた構造をひっくり返すには、なにか大きなきっかけが必要です。日本で買売春そのものが真っ向から問題視されたのも、明治になり、諸外国の目を気にするようになってからでした。

「遊女奉公」などと言い習わされていた遊女の契約は、実態としては「人身売買」にほかならない。そのことを初の日本の国際裁判（マリア・ルス号事件）で指摘された明治政府は、明治五年（一八七二）に遊女たちを解放する「芸娼妓解放令」、別名「牛馬切りほどき令」を発布します。そんな別名がついたのは、解放令の文言に「娼妓芸妓ハ人身ノ権利ヲ失フ者ニテ、牛馬ニ異ナラズ」とあったことに由来します。

もっとも、この解放令によって遊廓がなくなった訳ではありません。明治政府はすぐさま新たな法を設け、芸娼妓たちは「自由意志」の建前のもと、売春を強いられていくこととなります。とはいえ、江戸時代のように遊廓が「必要悪」として受け入れられた訳ではなく、明治以降、その存在の是非は繰り返し議論され、公認の芸娼妓を廃止すべきだという「廃娼運動」もうまれます。しかし、そうした運動が起きてもなお、全国的に遊廓が廃止されるには長い時間がかかりました。戦後の昭和三十一年（一九五六）に至ってようやく売春防止法が制定され、政府公認の買売春地区である遊廓は、日本から姿を消すこととなったのです。

*

「江戸時代の遊廓を勉強しています」というと、「それでは、あなたは当時の遊廓についてどう考えているのか」と問われることが少なくありません。非常に答えにくい質問ですが、端的にいってしまえば、私はもう遊廓のようなものは二度とこの世に誕生しないで欲しいと願っています。親兄弟の借金で身を売られ、外出もままならず、人生のほとんどを拘束される場所なんて、あるべきではないに決まっています。

そういうと、「それならどうして遊廓に通っていた客を批判的に書かないのか」と聞かれることがあります。私は客の存在に注目して研究を進めてきましたが、客の批判はしてこなかったので、もっともなご指摘です。

ただ、わたしは、過去の歴史に現在の道徳や尺度をあてはめて批判することに大きな意味を見出せないのです。当時においては買春が今よりもずっと「普通」の選択肢のひとつだったのだから、批判したってしかたがない、と思っています。

なぜ買春をすることが「普通」の選択肢になり得たかについては、固有の背景があったことに充分に注意する必要があります。

令和二年（二〇二〇）の日本の国勢調査では、五〇歳時未婚割合が男性は二八％であり、昭和四五年（一九七〇）の一・七％から驚くほど増えていることが指摘されています。しかしそうした上昇傾向にある現在の未婚率よりも、江戸時代の未婚率はもっと高く、五〇％程度だったんじゃないかという説もあります。そもそも江戸時代において家業を継げない次男以下は結婚が難しく、そうでなくとも、貧困層など、身分や職業によっては結婚という選択肢がとれなかった男性は決して珍しくありませんでした。

結婚できなくても自由に恋愛すれば、買春する必要なんてなかったんじゃないか――そうお思いかもしれませんが、江戸時代は、法的には「婚外性交」はすべて「密通」とされ、禁止されていました。当然、未婚同士であっても「婚外性交」になりますから、自由な男女交際は許されていなかったわけです。たとえば、未婚の女性と「婚外性交」をおこなった場合、男性は「手鎖」の罰を科せられました。

実際には「婚外性交」も多々おこなわれていましたが、制度上のことにしろ「未婚同士もダメって、なんじゃそりゃ」と思われる方もいるでしょう。しかし、「婚外性交」に厳しかったのは、日本に限った話ではありません。世界的にそうした法令が敷かれていた国は多く、なんとアメリカでは二百年以上前に制定した「未婚者の性交渉は違法」という州法がいくつかの州で残っていて、バージニア州ではようやく二〇二〇年に廃止されたと聞きます。インドネシアでは二〇二二年に「婚外性交」を一切禁止する刑法改正案が可決されています。決して過去の話ではありません。

例に漏れず日本でもそうした法令が敷かれていたわけですが、江戸時代においては抜け道がありました。その一つが、買売春です。相手が未婚であっても遊女であれば、「婚外性交」としてお咎《とが》めを受けることはなかったのです。未婚者の多かった当時の状況を考えれば、男性にとって買春が異性との接触の選択肢の一つになったのは無理からぬことでしょう。

昭和三十一年に公布された売春防止法以後、日本において売春は一切禁止となり、遊廓も一切廃止されました。自由恋愛が主流になって久しいですが、いまだに「再び売春を認可するべきだ」という主張がないわけではありません。

現代においてもオランダのように売春を認可している国はありますので、議論をすること自体は意味があるだろうと思います。ただ、そうした議論のなかで稀に目にする、「日本では昔から遊廓が存在したんだから、歴史的にも売春の認可は妥当」といった主張はいただけません。これまでお話ししてきたとおり、江戸時代と現代の男女のあり方は、まるで違います。当時の男性にとって買春が選択肢の一つであったことは、現代において買売春を認可する根拠には決してなり得ません。

そうした違いを理解しつつ、かといって遊廓を完全に過去のものとして追いやるのでなく、今に地続きのものとして、遊廓を考えてみてほしい。少々欲張りが過ぎるかもしれませんが、それが、本書をとおして私が伝えたいことの一つです。

かくいう私にとっても、遊廓をどう捉え考えていくかは、なかなか答えの出ない課題です。つらつらと偉そうなことも書きましたが、そもそも私自身、はじめに遊廓に関心をもったのは、幕末の志士に憧れがあったという非常にミーハーな理由です。とりわけ司馬遼太郎の描く幕末の世界は魅力的で、高杉晋作が唄ったという都々逸《どどいつ》「三千世界の鳥を殺し、主と朝寝がしてみたい」を『世に棲む日日』で知った私は、それがいたく心に刺さってしまいました。

この都々逸は、芸妓と朝になったら別れなければならない悲哀を唄ったもの。ですから、私は遊廓や遊里の「切なくも美しい」側面に惹かれたのでしょう。いまもそうした気持ちが消えた訳ではありません。ただ、そうした気持ちがすべてでないということを誤解なく伝えるのはなかなか難しく、研究のきっかけを話すときはどうしても別の理由を用意しがちです。

*

決してひとことでは言い表せない遊廓というものを、どう記述し、どう伝えるか。それは、これまで遊廓に向き合ってきた多くのひとにとっても頭を悩ませる種だったように思います。遊廓をいかに位置づけるかは、その時々の時代背景にかなり左右されてきたとも考えています。

遊廓をめぐる考察は遡れば江戸時代から存在し、研究としては大正末〜昭和のはじめ頃から本格化していきます。当時は遊廓が現実に存在したうえ、明治後半から特に盛んになった廃娼運動という政治・社会問題が背後に横たわっていました。「江戸学」の開祖として著名な三田村鳶魚《えんぎょ》も、そうした問題に深く注意を払いながら吉原研究を進めていたことが指摘されています。

一方で昭和三十年代以降、江戸時代の遊廓が文化の発信地になったこと、もしくは客にとっての「喜見城《きけんじょう》」（楽園）であったと強調するような研究が、諸分野において姿をみせるようになっていきます。それぞれの論者が何を考えていたかは必ずしもわかりませんが、やはり昭和三十一年（一九五六）に売春防止法が制定され、遊廓が「過去」のものになったことと無関係ではなかったように思います。

八〇年代にはバブル経済を背景とした江戸ブームも生じ、江戸の明るい側面に注視した研究が隆盛となりました。「江戸幻想」、すなわち「近世日本に関する妄想じみた思い込み」さえ生じたという指摘もなされています（小谷野敦『江戸幻想批判』新曜社、二〇〇八）。書く方が意図せずとも、受け止める世間の側にそういう雰囲気もあったのでしょう。

もちろん、江戸をやたらと持ち上げるような研究に対しては、その後さまざまに反証がなされました。遊廓をめぐっても、近年では、吉原という町の具体的な構造や、いかに女性たちが支配されていたか等について、精緻《せいち》な研究が蓄積されています。「文化の発信地」「楽園」では済まされない姿が詳《つまび》らかにされている。それが、現在の遊廓研究の潮流です。

逆からみれば、いまにおいて遊廓の「光」の側面に注目することはかなり難しくなってきているように思います。そしてそれは研究の世界においてはもちろん、一般の方が目にすることの多い映画やドラマ、雑誌や漫画・小説などでもそうです。いうまでもなく美術館や博物館の展示も同様で、最近も吉原を前向きに扱った展示のプロモーションが大変な嵐を生み出しました。男女共同参画、女性活躍推進、ＬＧＢＴＱ＋……そうした議論が進むなか、遊廓に限らず、あらゆる「性」をめぐる表現は慎重さが求められています。

誤解を恐れずにいえば、私はそうした風潮を好ましく思う一方、非常に厄介《やっかい》だとも思っています。「うるさくいう人がいて面倒だから」と、遊廓や遊女を取り上げることをそもそも放棄させてしまいかねないからです。これまでも遊廓が「なかった」ことにされるケースはよくあり、とりわけ地域の歴史を紹介する展示や県史・市史などではそれが顕著《けんちょ》でした。最近はSNSの炎上の威力が凄まじいことなどもあって、遊廓や遊女はますます取り上げにくい話題になっているように感じます。

遊廓は、人身売買という、今からみれば重大な人権侵害がおこなわれていた場所です。親兄弟の都合で身を売られ、ろくに休みも取れず、病にかかればお払い箱。憂さ晴らしのために我儘《わがまま》に振舞う客も多く、甚だしくは暴力を振るわれ、殺される。ひどい楼主に苦しめられ、逃げ出すために放火する遊女もいたほどです。

しかし、そんな暗い翳《かげ》を背負った場所である一方で、遊廓が当時における文化の発信地であり、江戸文化の中である地位を占めていたことは、消しようのない事実です。大衆小説の祖とされる井原西鶴の一作目が遊廓を舞台とした『好色一代男』だったように、江戸時代の出版はもちろん、歌舞伎や浄瑠璃といった芸能、衣服・髪型といった当時の文化を語るにあたり、遊廓の存在は無くてはならないものです。

そして何よりも大切なのは、不遇ながらも命の焔《ほのお》を燃やしていた遊女たちが、そこに生きていたということです。彼女たちは「文化」を創るためでもなく、「人権侵害」の酷さを訴えるためでもなく、ただただそこで懸命に日々を過ごしていました。

理念を先に立てて、遊廓が善いとか悪いとか断じることは簡単です。触らぬ神に祟りなしと言わんばかりに、遊廓を「なかった」ことにするのも容易でしょう。が、その前に色眼鏡をはずして、遊廓に生きた人々の一日一日をみる。そうしてそこから何かを掬《すく》い取っていくことが、今を生きる私たちにとって大切なことであり、かつて遊廓で生き、苦しんだ女性たちへの、最大限の敬意ではないかと思っています。

＊

遊廓をめぐっては、私のように小説や漫画、映画などをきっかけに強い関心を抱く層がいる一方、性的な生々しさに嫌悪を感じたり、「かわいそうな話」として知らないままでいたい、触れるべきではない、と距離を置きたがるひともいます。私自身、遊廓を研究しはじめたときは、母親に「江戸の普通の女性を研究するんじゃだめなの？」と詰められ、閉口した記憶があります。

遊廓に対してどういったスタンスをとるかは自由です。ただ、改めてお伝えしたいのは、遊廓だって「普通」の社会と地続きだった、ということです。江戸時代の遊女はもともと「普通」の社会に生まれたひとが多くを占め、再び「普通」の女性として生きていったひともいます。そこに足を運ぶ客らもまた、「普通」の社会に生きたひとたちでした。

地続きなのは、今に生きる私たちともそうでしょう。好いた相手がいて、会えるようにおまじないをしたり、仲の悪い同僚と喧嘩をしたり、顔を合わせたくない相手がいたり……。心中などからみえてくる死生観・身体観など、共感し難い面も沢山あります。男性が買春をした背景など、現代と大きく異なるところもあります。しかし、私たちの感覚とつながるであろう部分は、少なからず存在します。

当時においても、遊廓が買売春業を根幹とする特異な場であったことは間違いありません。私たちと遊女たちでは背負う背景が全く違うんだと言われれば、返す言葉もありません。しかし、自分とはまったく違う、関係ないと思うのであれば、遊廓に限らず、過去を知る意味はあまりないと思っています。

遊廓の綺羅びやかな情景、あるいは悲惨さや残酷さといった「特別」な面ばかりでなく、遊廓という町に生きた人々の日々の生き方に目を向ける。そうして、かつての遊廓の姿を思い描きながら、今に生きる自分につながる部分を見出していただければ幸いです。

主要参考文献

論考・著作等

石井良助『女人差別と近世賤民』明石書店、一九九五
石崎芳男『よしわら「吉原」――『洞房語園異本』をめぐって』早稲田出版、二〇〇三
今西一『遊女の社会史』有志舎、二〇〇七
氏家幹人『江戸人の老い』草思社、二〇一九
岡本雅享「言語不通の列島から単一言語発言への軌跡」『福岡県立大学人間社会学部紀要』一七（二）、二〇〇九
小野晋『近世初期遊女評判記集（研究篇）』古典文庫、一九六五
郡司正勝『歌舞伎と吉原』淡路書房、一九五六
国立歴史民俗博物館監修・「性差の日本史」展示プロジェクト編『性差の日本史』集英社、二〇二一
小谷野敦『江戸幻想批判――「江戸の性愛」礼讃論を撃つ』新曜社、二〇〇八
佐伯順子『遊女の文化史』中央公論社、一九八七

佐賀朝・吉田伸之編『シリーズ遊廓社会1 三都と地方都市』吉川弘文館、二〇一三
沢山美果子『性からよむ江戸時代』岩波新書、二〇二〇
関容子『中村勘三郎楽屋ばなし』文春文庫、一九八七
曽根ひろみ『娼婦と近世社会』吉川弘文館、二〇〇三
髙木まどか『近世の遊廓と客』吉川弘文館、二〇二〇
塚田孝『身分制社会と市民社会』柏書房、一九九二
東京都台東区役所編『新吉原史考』一九六〇
長友千代治『近世貸本屋の研究』東京堂出版、一九八二
中野栄三『遊女』Ⅰ・Ⅱ、雄山閣、二〇一六
野間光辰『日本書誌学大系四〇 初期浮世草子年表・近世遊女評判記年表』青裳堂書店、一九八四
野間光辰『近世芸苑譜』八木書店、一九八五
西山松之助『近世風俗と社会 西山松之助著作集 第五巻』吉川弘文館、一九八五
西山松之助編『日本史小百科 遊女』東京堂出版、一九九四
花咲一男編『江戸吉原図絵』三樹書房、一九七六
日比谷孟俊『江戸吉原の経営学』笠間書院、二〇一八
福田眞人・鈴木則子編『日本梅毒史の研究』思文閣出版、二〇〇五
三田村鳶魚『三田村鳶魚全集 第十巻』中央公論社、一九七五

三田村鳶魚『三田村鳶魚全集 第十一巻』中央公論社、一九七五
三田村鳶魚『三田村鳶魚全集 第十二巻』中央公論社、一九七六
宮川曼魚『江戸賣笑記』青蛙房、二〇一一
宮本由紀子「「吉原細見」の研究」『駒沢史学』二四、一九七七
宮本由紀子「「遊女評判記」について」『地方史研究』四一（六）、一九九一
宮本由紀子「遊里の成立と大衆化」竹内誠編『日本の近世 第十四巻 文化の大衆化』中央公論社、一九九三
吉田伸之『身分的周縁と社会＝文化構造』部落問題研究所、二〇〇三
吉田光邦「近世日本の遊里」中村賢二郎編『都市の社会史』ミネルヴァ書房、一九八三
横山百合子「『梅本記』―嘉永二年新吉原梅本屋佐吉抱遊女付け火一件史料の紹介」『国立歴史民俗博物館研究報告』二〇〇、二〇一六
横山百合子『江戸東京の明治維新』岩波新書、二〇一八
渡辺憲司著『江戸遊女紀聞』ゆまに書房、二〇一三

資料集等

上野洋三校注『吉原徒然草』岩波文庫、二〇〇三
江戸吉原叢刊刊行会編『江戸吉原叢刊』第一～七巻、八木書店、二〇一〇～二〇一二

小野晋『近世初期遊女評判記集（本文篇）』古典文庫、一九六五
芸能史研究会編『日本庶民文化史料集成　第九巻　遊び』三一書房、一九七四
新版色道大鏡刊行会編『新版色道大鏡』八木書店、二〇〇六
辻達也校注『政談』岩波文庫、一九八七
中野三敏校注『色道諸分　難波鉦』岩波文庫、一九九一
丹羽漢吉校注『長崎文献叢書第二集第四巻 長崎土産・長崎不二賛・長崎萬歳』長崎文献社、一九七六
三田村鳶魚編『未刊随筆百種　第八巻』中央公論社、一九七七
森銑三・鈴木棠三・朝倉治彦編『日本庶民生活史料集成　第十五巻　都市風俗』三一書房、一九七一
森銑三・野間光辰他編『随筆百花苑　第十二巻』中央公論社、一九八四

図版提供元一覧

【図1】景山致恭・戸松昌訓・井山能知編『江戸切絵図』、今戸箕輪浅草絵図、尾張屋清七、嘉永2－文久2
国立国会図書館デジタルコレクション　https://dl.ndl.go.jp/pid/1286208

【図2】頓滴林ほか『山茶やぶれかさ』、米山堂、昭11年
国立国会図書館デジタルコレクション　https://dl.ndl.go.jp/pid/1185744

【図3】十返舎一九作・喜多川喜久麿画『跡着衣装』、文化元年
国立国会図書館デジタルコレクション　https://dl.ndl.go.jp/pid/8929277

【図4】菱川師宣画『吉原恋の道引』、米山堂、大正14年
国立国会図書館デジタルコレクション　https://dl.ndl.go.jp/pid/1908177

髙木まどか　東京都生まれ。成城大学非常勤講師、徳川林政史研究所非常勤研究員ほか。成城大学大学院文学研究科修了、博士（文学）。著書に『近世の遊廓と客』がある。

Ⓢ新潮新書

1061

吉原遊廓《よしわらゆうかく》

遊女《ゆうじょ》と客《きゃく》の人間《にんげん》模様《もよう》

著者　髙木《たかぎ》まどか

2024年10月20日　発行

発行者　佐藤隆信

発行所　株式会社 新潮社

〒162-8711　東京都新宿区矢来町71番地
編集部(03)3266-5430　読者係(03)3266-5111
https://www.shinchosha.co.jp

装幀　新潮社装幀室

印刷所　株式会社光邦

製本所　加藤製本株式会社

ISBN978-4-10-611061-0 C0221